闡義昭鑑纂修廳儀軌

천의소감찬수청의궤

오세옥 옮김

한국고전번역원

일러두기

1. 이 책은 서울대학교 규장각한국학연구원에서 제공한《천의소감찬수청의궤(闡義昭鑑纂修廳儀軌)》(奎14206)를 저본으로 하여 교감표점(校勘標點)한 정본(定本)을 바탕으로 번역하였으며, 서명은《천의소감찬수청의궤》로 하였다.
2. 원문에 차자(借字)로 표기된 물명(物名) 등은 통용하는 우리말이 있는 경우 우리말로 바꾸어 표기하고 별도의 주석은 달지 않았다.
3. 내용이 간단한 역주는 간주(間註)로, 긴 역주는 각주(脚註)로 처리하였다.
4. 한자는 필요한 경우 이해를 돕기 위하여 넣었다.
5. 맞춤법과 띄어쓰기는 한글 맞춤법과 표준어 규정을 따르는 것을 원칙으로 하였다.
6. 이 책에서 사용한 부호는 다음과 같다.

( ) : 번역문과 음이 같은 한자를 묶는다.

〔 〕: 번역문과 뜻은 같으나 음이 다른 한자를 묶는다.

" " : 대화 등의 인용문을 묶는다.

' ' : " " 안의 재인용 또는 강조 부분을 묶는다.

「 」: ' ' 안의 재인용을 묶는다.

《 》: 책명 및 각주의 전거(典據)를 묶는다.

〈 〉: 책의 편명 및 운문 · 산문의 제목을 묶는다.

차례

해제

《천의소감찬수청의궤》 간행 경위와 서지적 특성

오세옥 | 한국고전번역원 책임연구원

1. 머리말

의궤(儀軌)는 국가가 치르는 각종 의례의 전말을 상세하게 기록한 종합 보고서이다. 의례의 종류에 따라 의궤의 형태가 달라진다. 관혼상제 등 오례(五禮) 관련 의궤, 수연(壽宴) 등 경사를 축하하는 연회 관련 의궤, 궁궐·전각의 영건(營建) 혹은 수리 관련 의궤, 사신 영접 등 외교 행사 관련 의궤, 관찬 도서의 편찬 관련 의궤 등이 있다.

내용은 다양하지만 의궤로 편찬된 책은, 그 의례가 국가적으로 매우 중요하고 반복되므로 반드시 기록으로 남겨 차후에 궤범으로 삼아야 할 자료라는 공통점이 있다. 따라서 진행 과정, 수요 물품 목록, 참가자 명단 등이 어느 기록보다도 자세하고 정확하면서 공정하게 기술되어 있다.

의궤 편찬은 국가 의례를 주관하는 임시 관청인 도감이 설치되면서 시작된다. 도감에서는 그때그때의 진행 상황을 기록하여 업무 일지인 등록(謄錄)을 작성하고, 의례가 끝난 뒤 누락된 기록을 추가 보완하여 의궤를 만드는 것이 관례이다. 따라서 대부분 도감의 명칭이 의궤의 제목이 된다.

도서 편찬의 경우도 서적을 편찬하는 교서관 등의 관서가 있지만 대부분 찬집청·편집청·편수청·교정청 등의 임시 관청을 설치하였는데,[1] 당시 정치적·사회적으로 중요하고 필요하다고 판명되며 큰 공역을 거쳐야 하는 서책을 편찬할 때는 왕명에 의해 권설(權設)되어 편찬과 간행을 담당하였다. 이러한 도서 편찬의 과정을 기록으로 남기기 위해 의궤를 출간할 때는 도감과 한가지로 담당 관청을 의궤의 제목으로 삼는다. 각 왕조의 실록 찬수청 의궤가 대표적인데, 선왕이 서거하면 실록청을 설치하여 선왕조의 실록을 편찬하는 과정을 기록하였다. 이 의궤에는 편찬 과정 즉 산절(刪節), 교정(校正), 교수(校讎) 등의 차서에 따라 기록하되, 각 과정의 참여 인원 명단, 진행 상황, 물품 청구 등 각종 계사가 주로 실려 있다.

《천의소감찬수청의궤(闡義昭鑑纂修廳儀軌)》는 《천의소감》 편찬과 관련하여 그 진행 과정을 기록한 책이다. 왕명에 의한 관찬 도서 의궤로서 실록과 함께 찬수청 의궤의 대표적인 사례이며, 당대

• • • • •

1 도서……설치하였는데 : 도서를 편찬하기 위한 임시 관청을 설치하는 일에 대하여는 김정미의 〈조선시대 찬집청·찬수청 연구〉(한국학중앙연구원 석사학위논문, 2009.) 참조.

《천의소감》 편찬의 중요성과 위상을 보여 준다는 점에서 주목할 만하다.

2.《천의소감》의 편찬과 위상

《천의소감》은 신축년(1721, 경종1)과 임인년(1722)에 왕세제 책봉, 대리청정 문제와 관련하여 일어난 이른바 신임옥사(辛壬獄事)에서부터 을해년(1755, 영조31)에 발생한 나주괘서 사건에 이르기까지 정치적 사건의 전말을 알 수 있는 상소, 교문, 계청, 추국안, 공사, 처결 등의 기록을 수록한 책이다.

《천의소감》은 총 4권 3책으로 편찬되었다. 권수(卷首)에는 왕의 비답(批答)·유서(諭書)·윤음(綸音), 찬수청이 올린 전문(箋文), 범례(凡例)가 실려 있다. 제1권부터 제3권까지는 1721년 왕세제 책봉을 청하는 대간의 상소를 시작으로 각 당론을 대표하는 청원 혹은 반대 상소, 주요 정치 사건과 관련된 장계, 교문, 탄핵소 등을 정리하여 수록하였고, 1724년(영조 즉위년) 이후 변란의 전말과 역모로 고변된 인물들의 국문(鞫問)과 처벌 기록을 수록하였다. 제4권은 을해옥사에 대한 기록이다. 1755년 2월 나주괘서 사건의 전말과 토역(討逆) 과정, 처벌 기록을 수록하고 뒤이어 발생한 사건의 전말과 관련 인물 개개인의 국문과 공초 기록, 처벌 내용을 세세히 기록하였다.

이 책은 을해옥사가 마무리되어 가던 1755년(영조31) 5월 29일 집의 서명응(徐命膺)과 지평 원인손(元仁孫)이 올린, 역적 토벌에 대해 전말을 기록할 것을 청하는 연명 차자[2]를 왕이 가납하면서 편찬하기 시작하였다. 이때 영조는 국(局)을 설치한 다음 대신을 도제조로 삼고 당상과 낭청을 차하하도록 명하였다. 다음 날 6월 1일에는 도제조 3명을 차하하고, 책 명칭을 정하였다.[3]

역적 토벌과 관련한 책으로는 앞서 1728년 이인좌(李麟佐)가 중심이 되어 일으킨 무신란(戊申亂)을 진압한 뒤에 그 전말을 기록한 《감란록(勘亂錄)》(1729)이 편찬되었다. 이 책도 변란을 토벌한 뒤 죄인들을 공초할 때 대신들을 인견하는 자리에서 대신들이 주청하여 간행이 추진되었다. 이 책의 서문에서, 이 모든 재화(災禍)는 붕당의 폐해에서 비롯되었으며 이 책을 반포하여 대소 신료들과 일반 백성들, 나아가 후손들까지도 경계로 삼도록 하고 재발을 막고자 한다고 편찬 의도를 밝혔다.

• • • • •

2 역적……차자 : "삼가 원하건대, 전하께서는 깊이 생각하고 멀리 내다보아 빨리 사신(詞臣)에게 명하셔서 국(局)을 열어 전후 난역(亂逆)의 원류를 찬술하고, 주토(誅討)의 전말을 자세히 기록해 갖추 신도록 하소서. 그중 한 본(本)은 궤실(櫃室)에 보관하여 후세에 전하고, 한 본은 중외(中外)에 반포하여 뭇 백성들을 효유함으로써 영원히 변하지 않는 진리가 있는 줄 알게 하면 임금은 임금답고 신하는 신하다운 대의(大義)가 지금과 후세에 찬란히 빛날 것이니, 결단코 그만둘 수가 없습니다."《국역 영조실록 영조 31년 5월 29일》

3 6월……정하였다 : "영부사 김재로(金在魯), 영돈녕 이천보(李天輔), 우의정 조재호(趙載浩)를 천의리편감 찬수청 도제조(闡義理編鑑纂修廳都提調)로 삼았고, 상이 천의리편감이라 명명하였다가 후에 천의소감(闡義昭鑑)으로 고쳤다."《국역 영조실록 31년 6월 1일》

《천의소감》도 이와 같은 편찬 의도를 보여 준다. 남유용(南有容)이 지은 발문(跋文)에,

"이 글은 무엇 때문에 지었는가? 난적(亂賊)을 징계하고 윤강(倫綱)을 바로잡으려고 지은 것이다. 죄인을 잡고 천토(天討)가 이미 행해졌으니 마땅히 이 글을 기다릴 필요가 없을 듯하다. 그러나 이들 역적의 하늘에 통하는 죄악은 전적으로 흉언을 서로 허위로 떠벌리고 요얼이 서로 단단히 결속한 데에 기인한다. 그 허위로 떠벌린 종적과 단단히 결속한 정상을 밝히고, 흐름을 따라가 근원을 거슬러 찾고 희미한 것을 더듬어 드러난 것을 궁구하여, 천하 사람들이 모두 난적이 도망할 곳이 없으며 윤강이 끝내 민멸하지 않을 것을 알게 한다면 간편(簡編)의 공과가 실로 부월(鈇鉞)과 더불어 나란히 행해지리니, 진실로 글을 그만둘 수 없는 것이다. (중략)

다행히 우리 성상의 효성스럽고 우애로운 덕이 위로 감응하고 오르내리는 조종의 신령이 아래로 굽어살피신 데 힘입어, 은밀한 모의가 싹트는 바를 귀신이 깨닫게 하고 추악한 무리가 모인 바를 하늘이 들추어내었다. 그리하여 옛 역적과 새 흉도가 모두 법에 따라 복주되었으니, 이제 또 그 형명(刑名 형법)을 드러내어 편책(編冊)에 새겨 천하 후세 사람 누구나 주별할 수 있도록 하였다. (하략)"

한 데서, 당대 사람들을 경계시키고 처벌의 정당성을 세상에 널리 공표하고자 하는 의도가 분명히 드러나 있다. 이러한 점에서 《천의소감》은 《감란록》을 이었지만, 《감란록》이 단순히 무신란에 대한 사건 일지와 그 공초 기록을 위주로 재정리한 데 비해 《천의소감》은 을해옥사 이전 30여 년 동안의 정치적 주요 사건을 총정리하여 수록하였다.

신임옥사의 계기가 된 왕세제 책봉, 대리청정 문제가 영조 즉위 후 여러 차례 환국과 변란으로 이어졌다. 그중 큰 사건이 1728년(영조4)에 발생한 무신란이고, 경계로 삼고자 《감란록》을 편찬하였으나 이후로도 분란은 계속되었다. 1741년에 《어제대훈(御製大訓)》을 친히 지어 정국을 안정시키는 데 전력하였으나 크고 작은 정치적 사건이 끊이지 않다가 급기야 을해옥사의 발단이 된 나주 괘서 사건이 일어났다. 괘서 사건은 영조 즉위 이후 을해년(1755)까지 7회에 달하였는데,[4] 을해년의 나주괘서 사건은 큰 옥사로 이어지는 계기가 되었으므로 더욱 주목되었다.

괘서 사건 종결 후 토역 고유제(討逆告由祭)도 지내고 윤음도 공표하였으나 경하하기 위해 마련한 춘당대시(春塘臺試)에서 친국해야 할 사건이 일어났다. 이어 역모로 결안(結案)된 사건이 발생하여 어느 때보다 참혹한 형벌과 참형이 행해지고 여러 명의 종

•••••

4 괘서……달하였는데 : 김백철, 〈영조의 의리명변서 《천의소감》 편찬과 정국변화〉, 《정신문화연구》 제33권 제4호, 2010.

친까지 참화를 입는 것으로 확대되었다. 이 을해옥사가 마무리되면서 대간이 연명으로 차자를 올려 역적을 토벌한 전말을 기록하기를 청하였다. 이에 영조는 큰 옥사를 치른 상황에서 자신의 집권 정통성을 천명하기 위한 절실한 의도와 그간의 분란과 옥사의 시비에 대해 더욱 확고히 명분을 정립해 두어야겠다는 뜻에서 《천의소감》 편찬을 명하였다.

《천의소감》 권수(卷首)에는 이 책의 편찬 의도가 더 분명하게 드러나 있다. 〈차자에 대해 손수 쓰신 비답〔手書箚批〕〉에,

> "이제 《천의소감》을 보니, 이제부터는 자성(慈聖)[5]을 받들어 얼굴을 들 수 있게 되었고 황형(皇兄)[6]을 배알할 면목이 있게 되었다. 더욱 오늘 이러한 마음이 갑절이나 더하다. 아, 경들의 정성이 아니었다면 어찌 이 일을 할 수 있었겠는가. 그 충성을 매우 가상히 여긴다."

하고, 이어 〈윤음(綸音)〉에,

> "지금부터는 의리(義理)가 장차 드러나고 흉악한 마음이 움츠러들게 될 것이며, 이 뒤로는 체단(體段)이 더욱 엄해질 것이니, 금

•••••

5 자성(慈聖) : 숙종의 두 번째 계비인 인원왕후(仁元王后, 1687~1757) 김씨(金氏)이다.

6 황형(皇兄) : 경종(景宗, 1688~1724)이다.

석(金石) 같은 결안(結案)이라 이를 만하다."

하여, 의리를 밝히고 경계를 삼게 하는 것임을 강조하였다.

또 범례(凡例) 첫 번째에,

"이제 이 《소감(昭鑑)》을 찬수하는 것은, 실로 삼성(三聖)의 지극한 어짊과 성대한 덕성을 드러내고 저사(儲嗣)를 세워 대리(代理)하게 한 의리를 천명하여, 천하와 후세에 환히 보이려는 뜻에서 나왔다. 전후의 경연 하교 및 《정원일기》에 실려 있는 내용에서 요긴한 것을 뽑아서 삼가 적었다."

하여, 의도를 구체화하고 근거 자료를 제시하였다.

한편 찬수청에서 올린 〈천의소감을 바치는 전문〔進闡義昭鑑箋〕〉에는,

"천년 불변의 감계(鑑戒)를 만드니 한 편(編)의 공역을 마쳤습니다. 크게 생각건대 세제를 세우고 대리시킨 정대하고 광명함은 실로 성모(聖母)와 경묘(景廟)의 훌륭한 덕(德)과 지극한 우애에서 말미암은 것입니다. 삼종(三宗)의 혈맥(血脈)[7]을 이에 의탁하니 누가 감히 그 사이에서 다른 의논을 내겠습니까."

• • • • •

7 삼종(三宗)의 혈맥(血脈) : 효종, 현종, 숙종을 잇는 정통 왕족 혈통이다.

하였으니, 일관해서 이 책은 영조의 왕위 계승과 집권의 정당성을 천명하는 데에 중점을 두었음을 확인할 수 있다. 분란의 근간이 되는 충역(忠逆) 의리를 정립하는 데에 초점을 두고 역에 해당하는 인물들에 대한 단호한 처벌이 대의명분에 합당하다는 것을 입증하고자 이 책을 편찬한 것이다.

영조가 이 책을 편찬하는 데 적극 개입하고[8] 직접 편수하는 데 참여하여 교정을 본 기록[9]은 《천의소감》 편찬의 위상을 알 수 있는 일례이다. 그리고 반사(頒賜) 건에 대해 세세히 기록한 점이나 바로 언해(諺解)로 번역하여 간행한 점, 처음에는 금속활자로 간행하였다가 다음 해 목판본으로 간행한 점 등에서 널리 보급하려 한 의도가 보인다.

왕세제 책봉 이후부터 벌어진 온갖 정치적 사건을 망라하여 시비를 확정함으로써 혼란한 정세를 안정시키는 한편 참혹한 옥사에 대한 대의명분을 밝히고 정당화하려는 왕과 집권층의 분명한 의도에 의해 편찬된 《천의소감》은 그 위상이 의궤를 편찬함으로써 더욱 확고해졌다.

• • • • •

8 영조가……개입하고 : 《승정원일기》 영조 31년 7월 25일 기사와 《영조실록》 31년 9월 18일 기사에 《천의소감》 찬수에 관련된 사실을 논의하는 내용이 나온다.

9 직접……기록 : 1731년(영조7) 11월 7일 교정 당상 이성중(李成中)이 입시하여, 인역(印役)이 끝났으니 중초책(中草冊)과 일기 등을 세초할 것을 아뢴 다음 중초책 1건에 어필로 첨삭된 곳이 있는 것은 어떻게 처리할지 여쭈었다. 《承政院日記 英祖 31年 11月 7日》

3. 《천의소감찬수청의궤》 편찬과 서지 사항

《천의소감찬수청의궤》〈이관질(移關秩)〉에 병자년(1756, 영조32) 1월 실제 들어간 물품을 회감(會減)하는 일로 호조에 보낸 관문이 실려 있는데, 《천의소감》을 찬수하는 6월 1일부터 11월 5일까지 들어간 잡물을 후록하고 이어 《천의소감》을 인출하는 11월 6일부터 25일까지 들어간 잡물 및 언서로 번역하여 진상할 때 들어간 잡물을 후록하였으며, 끝으로 《천의소감찬수청의궤》를 편찬할 때 들어간 잡물을 후록하였다. 〈이관질〉 말미에는 12월 10일 의궤사목(儀軌事目)이라 하여 9조항이 실려 있는데, 《승정원일기》 영조 31년 12월 11일 기사에 이와 관련한 내용이 있다.

> "유한소(兪漢蕭)가 찬수청의 말로 아뢰기를 '본청의 인역이 지금 완결되었으니, 찬수청의 청호를 파하고 의궤청으로 개설(改設)해야 합니다. 그러므로 등록을 성책할 때 응행 사목을 규례대로 마련하여 별단으로 들이겠습니다. 감히 아룁니다.' 하니, 알았다고 답하였다."

《천의소감》을 찬수하는 일은 1755년 6월 1일부터 11월 5일까지 진행되었고, 간인하는 일은 11월 6일부터 11월 25일까지 진행되었다. 그리고 《천의소감찬수청의궤》는 12월 11일부터 시작하여 그 해 말에 완성된 것을 확인할 수 있다.

서지 사항은 다음과 같다. 권수제(卷首題)는 '건륭이십년을해십이월일찬수청의궤(乾隆二十年乙亥十二月日纂修廳儀軌)'이고 표제(標題)는 '건륭이십년을해유월일찬수청의궤(乾隆二十年乙亥六月日纂修廳儀軌)'로 되어 있다. 판종은 필사본(筆寫本)으로, 1책 50장이고 12행 24자이다. 판심은 상하화문어미(上下花紋魚尾)이다. 서울대학교 규장각한국학연구원에 소장되어 있으며 도서번호는 奎14206이다.

4. 《천의소감찬수청의궤》 내용과 구성

《천의소감찬수청의궤》는 목록이 권수에 있고 좌목(座目)과 찬수청사목(纂修廳事目)에 이어 〈계사질(啓辭秩)〉·〈거조질(擧條秩)〉·〈이관질(移關秩)〉·〈내관질(來關秩)〉·〈감결질(甘結秩)〉 7개 항목이 실려 있는데, 날짜별로 해당 관문서를 모아서 실었다. 목록에는 끝에 '의궤(儀軌)' 항목이 기재되어 있는데, 본문에서는 별도로 항목을 두지 않고 감결 항목에 첨부하여 12월 5일 조부터 기재하였다. 각 항목의 내용을 보면 다음과 같다.

1. 좌목(座目)

좌목에는 작업 과정에 따라 찬수와 교정 작업을 한 사람들의 명단을 구분하여 기재하였다. 먼저 을해년(1755, 영조31) 6월 찬수청(纂修廳) 당상(堂上)과 낭청(郎廳) 명단이 실려 있고, 다음은 같은 해 11월 교정(校正)할 때 당상과 낭청의 명단이 실려 있다.

찬수할 때 인원은 도제조 3명, 당상 15명, 낭청 21명, 산원 1명, 서리 14명, 서사 2명, 고지기 2명, 사령 15명, 군사 5명이다. 교정할 때 인원은 당상 2명, 낭청 6명, 산원 1명, 사자관 2명, 화원 1명, 창준 4명, 서리 3명, 서사 1명, 고지기 1명이다.

찬수할 때에 비해 교정 참여 인원이 크게 줄었으나 교정할 때의 당상 2명과 낭청 6명은 모두 찬수에 참여한 인원이다. 찬수청 좌목 가운데 당상 홍계희(洪啓禧)와 낭청 홍인한(洪麟漢)은 성명 위에 원이 그려져 있는데, 이들은 정조 즉위를 전후하여 역안(逆案)에 오르거나 사사(賜死)된 인물로[10] 정조 대에 이르러 삭제 표시를 한 것으로 보인다.

2. 찬수청 사목(纂修廳事目)

총 11개 조항을 기재하였다. 국(局)을 설치할 장소는 형조와 공조로 정한다는 것, 낭청의 복무 규정, 당상·낭청의 인신(印信) 진배 상황, 녹사(錄事)를 비롯한 원역들의 요포(料布) 지급 내용, 궐내

• • • • •

10 이들은……인물로 : 홍계희(洪啓禧)와 홍인한(洪麟漢)은 노론 벽파로서 정조 즉위를 반대하였다. 홍계희는 1777년(정조1) 정조 시해 미수 사건에 두 아들과 손자가 연루되어 일가가 처형당한 일로 관작이 추탈되고 역안에 이름이 올랐다. 홍인한은 정후겸(鄭厚謙) 등과 함께 정조를 모해한 일로 1776년 사사당하였다.

대령 낭청에 대한 규정, 정원 대령 서리·군사 및 본청 수직 군사를 정해서 보내는 일, 태만한 하인의 처리, 작업에 필요한 물품을 진배하는 일, 운영을 위한 다모(茶母)에 관한 일 등의 절목이다.

3. 계사질(啓辭秩)

6월 1일부터 11월 25일까지 찬수청 낭청이 도제조의 뜻으로 올린 계사 총 25건이 실려 있다. 처음 6월 1일 계사는 찬수청이 막 개좌하고 회동하여 응행 사목을 마련하여 들인다는 내용과 참고 자료로 경자년(1720, 숙종46) 이후의 《정원일기》를 차례로 가져오겠다고 아뢰는 내용이다. 이후 계사의 내용을 유별로 정리하였다.

첫째, 설치 장소에 대한 계사이다. 사목에 나온 것처럼 처음에는 장소를 형조와 공조로 정하였는데, 6월 4일 계사에서 형조에 배설한 궁원도감(宮園都監)의 사역(事役)이 번다하다는 이유로 예조와 중추부로 옮기겠다고 하였다. 이후 7월 26일 계사에서는 예조에 감시(監試) 초시(初試)의 과장을 설치하는 문제로 다시 형조와 공조로 옮기겠다고 하였다. 이후 9월 15일 계사에서는 형조에서 계복(啓覆) 문서를 수정하는 일로 다시 전의감으로 옮겨 설치한다고 하였다.

찬수청의 설치 장소를 처음 형조와 공조에서, 예조와 중추부, 다시 형조와 공조로 옮기고 이후 전의감으로 옮겨 설치한 것을 확인할 수 있다.

둘째, 참고 자료에 대한 계사이다. 찬수하는 데 필요한 참고 자료를 가져오겠다는 내용의 계사인데,《천의소감》에 참고한 자료를 확인할 수 있다. 먼저 6월 1일 계사에서 경자년(1720, 숙종46) 이후의 《정원일기》를 수송해 오겠다고 하였다. 6월 4일에는 신축년(1721, 경종1) 겨울 국안(鞫案) 및 정원에서 올린 각 연도 국안을, 이어 같은 날에 신축년과 임인년(1722) 두 해의 《춘방일기(春坊日記)》를 편차할 때 참고한 단서를 가져오겠다고 하였다.

9월 15일 계사에는 중초(中草)를 냈으므로 《정원일기》와 의금부 국안을 우선 돌려보낸다는 내용이 실려 있다.

셋째, 낭청 차임과 업무에 관련한 계사이다. 낭청에 차임된 관원과 관련한 계사의 내용은, 낭청 가운데 승자(陞資)한 자가 있어 후임을 차하한다는 것, 삼사 관원이 낭청에 차임되어 본직을 체차한다는 것, 체차되었거나 파산(罷散) 중에 있는 낭청은 현재 직명이 없으므로 구전으로 군직에 붙여 항상 사진하도록 한다는 것, 낭청으로 경시관에 차임되었으나 찬수 업무가 급하므로 경시관 직임을 개차한다는 것, 중초를 낸 이후 낭청의 직숙(直宿)을 일단 중지한다는 것, 서역(書役)이 긴급하여 더 차하한다는 것 등이다.

찬수 과정의 주요 일정이 들어 있는 계사는 9월 15일에 올린 것으로,《천의소감》의 중초본을 막 냈으니 《정원일기》와《금부추안(禁府推案)》을 일단 되돌려 보내고 낭청의 직숙을 일단 정지한다고 아뢰는 내용이다. 또 11월 22일에 올린 것으로, 이달 25일에 《천의소감》 인간(印刊)을 마치고 배진(陪進)할 것이니 이에 따라 배진할 낭청을 정한다는 내용이다.

4. 거조질(擧條秩)

7월 7일 이후 11월 26일까지 왕이 내린 탑전 하교(榻前下敎), 전교, 하교 총 20건이 실려 있다. 거조 내용을 정리하면 다음과 같다.

관원의 차하와 관련하여, 7월 7일과 25일에 각각 찬수청 당상·낭청을 더 차하하라고 전교하였고, 10월 9일 입시한 자리에서는 영남 사람을 찬수에 동참시키라는 명이 있었다.

찬수 일정과 관련하여, 10월 13일에 찬수청 책 네 권을 들이라는 전교가 있고, 11월 5일에는 《천의소감》을 배진하는 의장(儀仗)에 대한 전교와 봉진용·진상용·진헌용 각각의 건수와 반사할 대상에 대한 전교가 실려 있다.

이어 6일, 7일에는 반사할 대상에 음관, 초선(抄選)을 포함하라는 전교가 각각 실려 있다. 11월 7일 찬수청 낭청 황인검(黃仁儉) 등 4원을 본사의 사진에서 제외하여 인역(印役)에 전념하게 하라는 탑전 하교를 냈는데, 이들 4원은 교정 시 낭청 좌목에 들어 있다. 또한 7일 입시 기사에는 교정 당상이 인역이 몹시 긴중하여 인출장을 더 보내 줄 것을 청하자 이를 허락하고, 또 당상이 인역을 마친 뒤 중초책 및 일기를 세초하는 문제, 덧붙여 어필로 첨삭한 중초본에 대한 세초 문제를 품의한 데 대해 허락하는 하교가 실려 있다.

11월 14일에는 찬수에 참여한 도제조 이하 원역과 하인에 이르기까지 논상하는 내용이 실려 있는데, 당상과 낭청 가운데 일부는 사진한 기간을 월별로 구분하여 논상하였다. 이는 찬수 과정에 따라 바뀌기도 하고 추후 계하하여 참여하기도 하여 논상이 달라진 것으로 보인다.

또 11월 26일에 《천의소감》을 배진할 때의 도로, 진전(進箋), 입시에 관련한 하교가 실려 있다.

5. 이관질(移關秩)

사역 인원, 소요 물품 등을 이송하도록 요구하는 내용으로, 해당하는 각 관사에 보낸 관문이다. 총 23건으로, 해당 관사는 의금부·호조·병조·비국·사헌부 다섯 곳이다. 기간은 6월부터 이듬해 병자년(1756, 영조32) 1월까지이다. 각 관사에 보낸 관문의 내용을 정리하면 다음과 같다.

의금부에 보낸 관문은 참고 자료를 수송하라는 내용이다. 신축년(1721)·갑진년(1724)·을사년(1725)·경술년(1730)·을축년(1745)·무진년(1748)·병술년(1706)의 추안(推案)과 판부(判付), 무신년(1728)의 국안(鞫案), 무오년(1738)의 추안을 수송하라는 내용이 실려 있다. 또 금년 봄 이후의 정법 죄인 및 역률로 추시된 죄인 등의 초문안(草文案)을 보내라는 내용이 실려 있다.

호조, 병조에 보낸 관문은 녹사·서리·정원 대령 서리의 요포와 점심미를 규례대로 지급하라는 것, 11월 모일에는 교서관에서 간인을 시작하면서 많은 원역을 돌려보내고 대신 남은 서리의 요포를 마련해서 보내라는 것이고, 12월에는 역사가 끝나 도감이 파한 뒤 돌아갈 곳 없는 하리들의 처우에 대해 언급한 내용이다.

호조에만 보낸 관문은 찬수한 이듬해 병자년 1월에 《천의소감》을 찬수할 때 실제 들어간 잡물을 후록하니 이대로 회감하라는 내용이다.

비국, 사헌부에 보낸 관문은 옮겨 차임된 서리, 서사, 서원 등을 감시(監試)를 위해 봉점(逢點)할 때 탈하(頉下)해 줄 것을 요구하는 내용이다.

8도(道)와 3도(都)에 보낸 관문에는, 《천의소감》 찬수가 끝나서 지금 인출하고 있으니 널리 배포하도록 각 읍·역에 통지하라는 내용이 실려 있다.

끝으로 병자년 1월 호조에 보낸 관문 3건이 있다. 첫 번째 건은 《천의소감》을 찬수하던 6월 1일부터 11월 5일까지 들어간 잡물을 실입(實入)에 의거하여 후록하고 이대로 회감하라는 내용이다. 두 번째 건은 《천의소감》을 인출한 11월 6일부터 25일까지 들어간 잡물 및 언서를 번역하여 등사하고 진상할 때 들어간 잡물을 실입에 의거하여 후록하고 이대로 회감하라는 내용이다. 세 번째 건은 《천의소감찬수청의궤》를 찬술할 때 들어간 잡물을 실입에 의거하여 후록하고 이대로 회감하라는 내용이다. 그러나 물품명만 있고 수효는 기록되어 있지 않은데, 빠뜨린 것으로 보이나 분명하지 않다.

앞 내용과 별개로 12월 10일 의궤 사목이 실려 있다. 《승정원일기》 영조 31년 12월 11일 기사에 유한소(兪漢蕭)가 찬수청의 말로 아뢰기를 "본청의 인역이 지금 이미 완결되었으니, 찬수청의 청호를 파하고 의궤청으로 개설해야 합니다. 그러므로 등록을 성책할 때 응행 사목을 규례대로 마련하여……" 한 것을 보면, 12월 11일부터 찬수청은 파하고 의궤청으로 청호를 바꾸어 의궤 편찬이 본격적으로 시작된 것을 알 수 있다.

사목에는 의궤 1건을 예조가 소장한다는 것, 편찬하는 처소는 귀후서라는 것, 당상과 낭청의 차하와 복무 규정, 각사에 원역을 배정하는 일, 소용되는 잡물 진배 등의 일이 기재되어 있다.

6. 내관질(來關秩)

다른 관사에서 보내온 관문으로 을해년(1755, 영조31) 6월부터 9월까지의 내관 총 12건이 실려 있다. 본청에서 보낸 감결 또는 관문에 대한 관문이나 첩정, 본청의 제사(題辭)도 첨부되어 있다. 선혜청의 관문, 군기시·사도시·장흥고·호조·형조·병조·교서관의 첩정이 수록되어 있다. 내용을 살펴보면 다음과 같다.

선혜청의 관문은 2건으로, 본청에서 고지기를 올려보내라는 감결에 대한 것이다. 호조의 첩정은 본청에서 녹사, 서리 등 원역의 요미와 점심미를 지급하라는 감결에 대한 것이다. 교서관의 첩정은, 본청에서 글씨 잘 쓰는 서리를 정송(定送)하라는 감결에 대한 것과 본청의 관문으로 인하여 책판 쇠우리, 동인찰 등을 만들 물력을 호조에 청하였는데 호조에서 응하지 않는다는 내용으로 첩정한 것이다. 형조의 첩정은 본 도감의 사령이 난동을 부린 데 대해 추포한다는 보고이다. 병조의 첩정은 원역들의 삭포를 지급하라는 관문과 서리를 더 보내라는 감결에 대해 논보(論報)한 것이다. 군기시의 첩정은 감결에 의해 보낸 고지기를 돌려보내 달라는 것이다. 사도시의 첩정은 옮겨 차임된 서원과 글씨 잘 쓰는 서원을 감하하여 환송해 달라는 것이다. 장흥고의 첩정은 본고의 글씨 잘 쓰는 서원 및 고지기를 탈하(頉下)해 달라는 것이다.

7. 감결질(甘結秩)

감결은 《천의소감찬수청의궤》에서 양적으로 거의 절반을 차지하고 있다. 5월부터 12월까지 각 관사에 보낸 감결로 총 107건이다. 감결 내용은 찬수할 때 필요한 물품과 원역을 해당 각 관사에 진배(進排) 또는 정송하라고 지시하는 문서이므로 역사(役事)에 따라 내용이 달라지고 진행되는 과정 또한 이를 통해 확인할 수 있다. 특히 《천의소감찬수청의궤》에서는 소용되는 품목을 별도로 기록하지 않았으므로 감결에 기록된 물품과 수량, 원역과 인원수를 통해 본 역사에 소용된 품목을 확인할 수 있다. 날짜별로 수록된 감결의 내용을 정리해 보면 다음과 같다.

5월은 1건이다. 비국의 감결을 봉납하여 각 관사에 보낸 감결에서는 청을 관상감에 설치한다는 내용과 포진 등 물품을 진배하고 옮겨 차임된 서리 등 원역을 신속히 대령시키라는 내용이 실려 있다.

6월은 35건이다. 찬수청이 회동할 때 포진 등을 진배할 것, 옮겨 차임된 서리를 정송할 것, 찬수할 때 당상과 낭청이 사용할 벼룻집·황필 등 각종 물품을 진배할 것, 야간 일을 하는 원역들을 위해 물금첩(勿禁帖 야간 통행증)을 발급할 것, 서리방 땔나무를 진배할 것, 본청 일기를 초록할 때 간지 상고용 백중력(百中曆)을 진배할 것, 참고용《어제대훈》과《감란록》을 대령할 것,《정원일기》를 수송하고 유치할 때 필요한 좌경(左更 야경꾼)을 정송할 것, 글씨 잘 쓰는 서리를 옮겨 차임하여 정송할 것, 사령을 더 차정하여 정송할 것, 일기를 출초하기 위해 후백지(厚白紙) 등을 진배할 것, 책자 인출용 각종 물품을 횡간(橫看)에 따라 진배할 것, 임의로 출역한 본청 서리 등을 처분할 것을 지시하는 내용의 감결이 실려 있다.

7월은 15건이다. 당상 1원이 직숙하므로 땔나무를 진배할 것, 책지 인출장을 정송할 것, 좌기할 대청의 차양감을 진배할 것,《정원일기》를 환송하기 위해 필요한 원역과 물품을 정송할 것, 처소를 옮겨 설치할 때 필요한 부지군(負持軍) 등을 정송할 것,《일기》를 소장할 고방(庫房)의 물품을 대령하고 대청 등을 수보할 것, 임금이 거둥하여 당상과 낭청이 지영할 때 불을 밝힐 대용지(大龍脂) 등을 진배할 것, 서사용 물품을 진배할 것, 옮겨 차임된 서리에 대해 봉점(逢點)할 성책에 현탈(懸頉)할 것, 8월 초 진행될 인출에 대비하여 쇠우리 등 물력을 지급할 것을 지시하는 감결이 실려 있다.

9월은 9건이다. 책자 인출 시 필요한 각종 물품을 진배할 것, 어람용 초책의 가의(假衣)감 도련지(搗鍊紙)와 홍가함(紅假函) 등을 진배할 것, 구일제를 위해 봉점할 때 서사 서원과 글씨 잘 쓰는 서리 등을 현탈할 것, 책자 정서용 참먹 등과 책장을 정송할 것을 지시하는 감결이 실려 있다.

11월은 37건이다. 《정원일기》를 수송하기 위해 짐꾼 등을 대령할 것, 5일 교서관으로 이설할 것, 반사하기 위해 인원수를 적어 올릴 것, 책자를 인역할 때 출초하기 위해 백지 등을 진배할 것, 《천의소감》 간인을 위해 각 관사에서 물력을 준비할 것, 어필 모사 시 소용되는 설화지 등을 진배할 것, 《천의소감》 인출 시 소용되는 초견·재견용 백지와 대교정본·정본용 후백지 등을 진배할 것, 《천의소감》을 반사할 명단을 추가할 것, 책자 인출 시 소용되는 균도(均刀)·땔나무·등진유(燈眞油) 등 물품을 진배할 것, 책자를 인진(印進)하는 역사가 시급하므로 주자(鑄字) 보충을 위한 주철 등을 진배할 것, 어제 어필 모사 시 정간(井間)에 소용되는 주홍먹 등을 진배할 것, 책자 인출 시 소로장(小爐匠)이 사용할 백토 등을 진배할 것, 《천의소감》 진상 건과 진헌 건을 장황하는 데 들어갈 면지감 초주지 등을 진배할 것, 책자 인출 시 어제 윤음과 어필을 모사할 당상·낭청의 좌목 간본에 사용할 자작판 등을 진배할 것, 인출 책자 출초 시 반사 건 지지(紙地) 부족분을 진배할 것, 대전에 진상할 물건 등을 쌀 보자기·함 등을 진배할 것, 책자 인출 시 야간 업무를 하기 위한 홍촉 등을 진배하고 인출장을 정송할 것, 《천의소감》 전문을 올릴 때 소용되는 표지·배접감 등을 진배할 것, 《천의소감》 장책 시 책지(冊紙)를 둔 방에 쓸 땔나무 등을 진배할 것 등을 지시하는 감결이 실려 있다. 11월 23일 간인이 완결되자 25일 진상할 인원을 대령하는 일 및 의장에 필요한 물품 등을 진배할 것을 지시하고, 11월 24일에는 대왕대비전에 진상할 《천의소감》 언서를 번역하는 데 소용되는 백지·저주지 등을 진배할 것, 책 제목을 서사할 사자관을 정송할 것, 세초할 때 필요한 용품과 용역을 대령할 것 등을 지시하는 감결이 실려 있다.

12월은 10건이다. 언서로 번역할 때 야간 업무에 소용될 물품을 진배할 것, 《천의소감》 반사 건을 도련하기 위해 조지서로 나갈 때 필요한 물품을 진배하고 용역을 대령할 것, 진상할 언서책의 장황에 소용되는 초주지 등을 진배할 것, 언서로 번역하여 정서할 때 부족한 저주지 등을 진배할 것, 언서책 제목을 서사할 때 사자관이 사용할 황필 등을 진배할 것 등을 지시하는 감결이 실려 있다. 12월 5일 이후는 의궤에 관련된 감결이다. 목록에 의궤라고 되어 있는 항목이 이에 해당한다. 5일에 언서책을 진상한 뒤에 도감을 파하고 의궤청을 설치하는 일과 관련하여 물금첩 시행을 지시하는 감결이 실려 있다. 10일에는 의궤청을 귀후서로 정하였으므로 물품을 대령하여 진배할 것을 지시하고, 20일 아침 사은 전문을 배진할 것이므로 진참에 소용되는 의막(依幕) 등을 대령하라고 지시하는 감결이 실려 있다.

책 말미에는 서리 이하의 명단이 실려 있는데, 서리 14명, 고지기 2명, 사령 15명, 군사 5명이다. 찬수청 좌목에 실려 있는 명단에서 서사 2명만 빠졌고 나머지는 동일하다. 의궤 편찬 원역을 찬수청 원역 명단으로 대신한 것으로 짐작되나 확실하지 않다.

5. 《천의소감찬수청의궤》의 특징

《천의소감찬수청의궤》는 《천의소감》의 편수, 교정과 간인, 언해 번역, 반사 등의 공정을 끝낸 1755년(영조31) 12월 5일 이후 의궤청이 설치되어 그해 말에 필사본으로 완성되었다. 예조에 1건을 분상해 두었을 뿐 간인하거나 반사한 기록이 없다. 내용과 구성으로 보면 찬수할 때와 교정할 때의 등록을 문서의 종류에 따라 구분하여 날짜별로 정리하였고, 찬수 방침이나 작업 경과 등에 대해서는 별도로 작성하여 수록하지 않았다.

한편 《승정원일기》와 《영조실록》의 기록을 참조할 때, 일자가 차이 나는 사례도 있다.[11] 이로 보면 《천의소감》 편찬 의의와 위상을 한층 강화하려는 것이 의궤 편찬의 주요한 의도였음이 분명하나 다른 의궤에 비해 많은 공력을 들인 흔적은 보이지 않는다. 다만 《천의소감찬수청의궤》를 통해 《천의소감》의 편찬 진행 과정과 소요 품목, 참여 관사 및 인원 등에 대해 정확하고 세밀하게 확인할 수 있다. 본 의궤에서 확인된 사항을 정리하면 다음과 같다.

•••••

11 승정원일기와……있다 : 《천의소감찬수청의궤》 〈거조질〉에 12월 6일, 7일, 14일로 되어 있는 기록은 11월 6일, 7일, 14일의 오류임이 《승정원일기》, 《영조실록》을 통해 확인된다.

1. 《천의소감》 편찬 진행 일지

일자	주요 진행 사항	참고 사항	기재 항목
1755. 5.	찬집청 도감을 관상감에 설청	29일. 집의 서명응과 지평 원인손이 올린, 역적을 토벌한 전말을 기록하라는 연명 차자를 가납함	감결질
1755. 6. 1.	찬수청이 개좌 회동하여 응행 사목을 마련하여 써서 들임	영부사 김재로, 영돈녕 이천보, 우의정 조재호를 천의리편감 찬수청 도제조로 삼음	계사질
1755. 9. 15.	중초본을 냄		계사질
1755. 10. 13.	4권 대내에 들임		거조질
1755. 11. 5.	편수 완성하고, 교서관으로 이설하여 교정과 간인 역사를 시작함. 봉진, 진상, 진헌, 반사 건수 전교		감결질
1755. 11. 7.	중초책 및 일기 등 세초		거조질
1755. 11. 14.	찬수청 도제조 이하 논상		거조질
1755. 11. 24.	언서 번역 시작		감결질
1755. 11. 26.	《천의소감》 및 전문(箋文) 배진		거조질
1755. 12. 5.	언서책 진상, 찬수도감을 파하고 의궤청 설치		감결질
1755. 12. 20.	사은 전문 배진		감결질
1756. 1.	실입 물품 회감		이관질

2. 소요 품목

편찬하는 데 들어가는 품목은 이관, 감결 등 문서에 진배하라고 지시하는 내용으로 소상히 기록되어 있다. 소요 물품은 크게 실제 들어간 품목과 다른 관사의 물품을 빌려 쓰고 돌려주는 품목으로 나뉘는데, 《천의소감찬수청의궤》에서는 회감을 위해 실제 들어간 물품만 기록하였다. 병자년(1756, 영조32) 1월 조에 실린 작업 과정에 따른 실제 소요 물품은 다음과 같다.

1) 《천의소감》을 찬수할 때 6월 1일부터 11월 5일까지 들어간 잡물 : 계목지(啓目紙), 장지(壯紙), 후백지(厚白紙), 백지(白紙), 저주지(楮注紙), 백휴지(白休紙), 황필(黃筆), 족제비 꼬리털〔黃毛〕, 참먹〔眞墨〕, 주필(朱筆), 땔나무〔燒木〕, 풀가루〔膠末〕, 황염지(黃染紙), 숯〔炭〕, 향사(鄕絲), 황촉(黃燭), 등유(燈油), 용지(龍脂)

2) 《천의소감》을 인출할 때 11월 6일부터 25일까지 들어간 잡물 및 언서로 번역하여 진상할 때 들어간 잡물 : 계목지, 초주지(草注紙), 저주지, 첩지(貼紙), 권지(卷紙), 후백지, 백지, 백휴지, 의지(衣紙), 황염초주지(黃染草注紙), 황염저주지(黃染楮注紙), 황필, 백필(白筆), 참먹, 반참먹〔半眞墨〕, 초록진사(草綠眞絲), 홍진사(紅眞絲), 풀가루, 말갈기〔馬鬣〕, 숯, 황촉, 등유, 용지, 자작판(自作板), 황양목(黃楊木), 홍주 겹보자기〔紅紬甲袱〕, 초록주 겹보자기〔草綠甲袱〕, 홍주 4폭 보자기〔紅紬四幅袱〕, 가자(架子)

3) 《천의소감찬수청의궤》를 찬수할 때 들어간 잡물 : 저주지, 백지, 황필, 참먹, 풀가루, 숯

3. 찬수 시 참고 자료

경자년(1720, 숙종46) 이후의 《정원일기》를 참고하였다.

4. 참여 관사 및 인원

《천의소감》을 편찬하기 위해 인원과 물품을 정송하고 진배하는 일에 참여한 관사는 중앙에 설치된 관사가 거의 총망라되어 있다. 《천의소감찬수청의궤》에 기록된 참여 관사는 다음과 같다.

비국, 선혜청, 종친부, 의빈부, 충훈부, 돈녕부, 의정부
이조, 호조, 예조, 병조, 형조, 공조
한성부, 서부, 중부, 동부, 남부, 교서관, 조지서, 훈련도감, 어영청, 금위영, 총융청, 수어청, 좌포청, 우포청, 좌순청, 우순청, 전설사, 선공감, 제용감, 장흥고, 군자감, 광흥창, 의장고, 위장소, 내시부, 사약방, 통례원, 사기계(沙器契), 와서(瓦署), 사재감, 예빈시, 선공감, 관상감, 전의감, 혜민서, 빙고, 도화서, 광흥고, 군자감, 사축서, 군기시, 전생서, 평시서, 사복시, 사도시, 사자시, 사섬시, 당하군직청, 풍저창, 사자청, 장흥고, 상의원, 의영고, 사포서, 내자시, 장악원, 장례원, 장원서, 전생서, 봉상시, 향실, 통례원, 승문원

특히 11월 5일에 보낸 감결에 의하면 대상이 종친부, 의빈부, 충훈부, 돈녕부, 의정부에까지 확대된 것이 주목된다.

편찬에 참여한 인원은 좌목에 명시된 외에 업무 분장에 대한 기록은 없다. 좌목을 보면 도제조, 당상, 낭청 외에 각 관사에서 옮겨 차임된 원역들이 실무에 참여하였다. 찬수 시에는 도제조를 비롯하여 당상, 낭청, 산원, 서리, 서사, 고지기, 사령, 군사 들이 참여하였고, 교정 시에는 당상, 낭청, 서리의 인원은 크게 줄었으나 사자관, 화원, 창준 등이 더 참여한 것을 확인할 수 있다.

6. 맺음말

《천의소감찬수청의궤》는 관찬 도서인 《천의소감》의 편찬 과정을 기록한 책이다. 《천의소감》은 1755년(영조31) 11월 찬수청에서 4권 3책으로 편찬하였다. 신축년(1721, 경종1)과 임인년(1722)에 왕세제 책봉, 대리청정 문제와 관련하여 일어난 신임옥사에서부터 1755년에 발생한 나주괘서 사건에 이르기까지 역모와 정치적 사건의 전말을 알 수 있는 상소, 교문, 계청, 추국안, 공사, 처결 등의 기록을 수록하였다. 권수에 실린 어제 유시, 윤음, 범례에서 분명하게 드러나듯이 《천의소감》의 편찬 의도는 왕위 계승의 정당성을 확고히 하고 이에 반하는 신료나 백성들을 엄하게 경계시키는 것이었다. 이러한 의도하에 국가적 대규모 사업으로 진행하였고, 편찬하여 간인한 뒤에는 언해서로 번역하고 의궤를 편찬함으로써 그 위상을 한층 높였다.

《천의소감찬수청의궤》는 1책의 필사본으로, 내용 면에서도 계사를 비롯하여 왕복한 관문서를 종류와 날짜별로 정리하였으므로 일반 《각사등록》과 크게 다르지 않다. 그러나 왕복한 문서를 통해 《천의소감》 편찬 과정과 진행 상황, 소요 물품, 참여 관사와 관원, 원역 들의 업무 정황 등을 소상하게 확인할 수 있다. 따라서 도서 편찬의 한 규범을 제시하는 한편 왕조실록으로 대표되는 찬수청의궤의 한 사례라는 점에서도 주목할 만하다.

참고문헌

《闡義昭鑑纂修廳儀軌》, 서울대학교 규장각한국한국학연구원 소장(奎14206)

김백철, 〈英祖의 義理明辯書《闡義昭鑑》편찬과 정국변화〉, 《정신문화연구》. 33(4), 한국학중앙연구원, 2010.

김정미, 〈朝鮮時代 撰集廳·纂修廳 硏究〉, 한국학중앙연구원 석사학위논문, 2009.

오항녕, 〈해제 : 영종대왕실록청의궤(英宗大王實錄廳儀軌)〉, 《영종대왕실록청의궤》, 한국고전번역원, 2007.

옥영정, 〈《闡義昭鑑》의 간행과 서지적 특성〉, 《정신문화연구》 33(4), 한국학중앙연구원, 2010.

을해년(1755, 영조31) 6월 일

천의소감찬수청 당상과 낭청 좌목
闡義昭鑑纂修廳堂上郎廳座目

도제조(都提調)	영부사(領府事)	김재로(金在魯)
	영의정	이천보(李天輔)
	우의정	조재호(趙載浩)
당상(堂上)	지사(知事)	원경하(元景夏)
	겸 이조 판서	신만(申晩)
	지사	홍계희(洪啓禧)
	병조 판서	홍봉한(洪鳳漢)
	예조 판서	이정보(李鼎輔)
	지사	서종급(徐宗伋)
	행 사직(行司直)	서명빈(徐命彬)
	우참찬(右參贊)	조영국(趙榮國)
	공조 판서	이성중(李成中)
	형조 판서	조명리(趙明履)
	공조 참판	정휘량(鄭翬良)
	행 부사직(行副司直)	남유용(南有容)
		권상일(權相一)
		오수채(吳遂采)
		남태제(南泰齊)
낭청(郎廳)	부사과(副司果)	이양천(李亮天)
	장악원 정(掌樂院正)	홍명한(洪名漢)
	집의(執義)	서명응(徐命膺)

부사과	황인검(黃仁儉)
	이최중(李最中)
	송문재(宋文載)
	이길보(李吉輔)
	홍인한(洪麟漢)
	홍경해(洪景海)
	남태저(南泰著)
지평(持平)	원인손(元仁孫)
부사과	이성경(李星慶)
병조 정랑(兵曹正郎)	서명천(徐命天)
교리	정상순(鄭尙淳)
수찬(修撰)	홍준해(洪準海)
교리(校理)	조엄(趙曮)
부사과	정광한(鄭光漢)
	윤득우(尹得雨)
사서(司書)	정존겸(鄭存謙)
지평	이세택(李世澤)
부사과	이상윤(李尙允)
산원(算員)	이경흡(李景洽)
서리(書吏)	한수담(韓壽聃)호조
	임지위(林枝葳)병조
	박진욱(朴震郁)병조
	홍인택(洪仁澤)호조
	이정필(李廷馝)호조
	변성휘(邊聖輝)병조
	정기석(鄭基錫)호조
	김계욱(金啓郁)병조
	송정환(宋廷煥)호조
	이세대(李世大)호조

	박홍득(朴弘得)병조
	김태정(金泰鼎)병조
	지달원(池達源)사재감
	장덕년(張德年)제용감
서사(書寫)	한천식(韓天植)호조
	김(金)원문 1,2자 결락. 병조
고지기(庫直)	김우추(金友樞)병조
	남응복(南應福)장흥고
사령(使令)	함덕주(咸德柱) 등 15명
군사(軍士)	막금(莫金) 등 5명

을해년 11월 일

천의소감 교정 시 당상과 낭청 좌목
闡義昭鑑校正時堂上郎廳座目

당상	겸 이조 판서	신만(申晩)
	지사	이성중(李成中)
낭청	부사과	황인검(黃仁儉)
	부교리	남태저(南泰著)
	부사과	원인손(元仁孫)
	교리	정상순(鄭尙淳)
		조엄(趙曮)
	부사과	윤득우(尹得雨)
	산원	이경흡(李景洽)
	사자관(寫字官)	홍(洪) 원문 1, 2자 결락
		정종주(鄭宗周)
	화원(畫員)	김성오(金省五)
	창준(唱準)	정수인(鄭壽仁)
		지명서(池明瑞)
		김(金) 원문 1, 2자 결락
		이(李) 원문 1, 2자 결락
	서리	박진욱(朴震郁) 병조
		정기석(鄭基錫) 호조
		이세대(李世大) 호조
	서사	한천식(韓天植) 호조
	고지기	고창윤(高昌胤) 교서관

찬수청 사목
纂修廳事目

1. 당상과 낭청이 이미 계하받은 응행 절목(應行節目)을 규례대로 마련하여 다음과 같이 기록하니, 이대로 거행하는 것이 어떻겠습니까?

다음

1. 국(局)을 설치할 처소는 형조와 공조로 정하여 행한다.
1. 낭청은 모두 본사(本司)의 사진(仕進)을 면제하고, 모든 공회(公會)에 참석하지 말게 하며, 제관(祭官)으로 차정(差定)하지 않으며, 복제(服制)와 식가(式暇)의 규정에서 제외한다.
1. 당상과 낭청이 사용할 인신(印信) 각 1과(顆)를 예조로 하여금 진배(進排)하게 한다.
1. 녹사(錄事) 2인, 서사(書寫) 2인, 서리(書吏) 14인, 고지기(庫直) 2명, 사령(使令) 15명을 요포(料布)를 지급하는 아문에서 데려와서 일을 부리되, 그중 등록(謄錄)에 요포가 없다고 기재된 자는 호조와 병조로 하여금 규례대로 참작하여 마련해서 제급하도록 한다.
1. 사용할 종이와 붓, 먹 및 잡물은 전례대로 각 해당 관사로 하여

금 진배하도록 한다.

1. 궐내의 대령 낭청(待令郎廳)은 입직인 무신겸선전관(武臣兼宣傳官)이 돌아가며 거행하도록 한다.

1. 정원의 대령 서리 1인, 군사 1명 및 본청의 수직 군사 5명은 병조로 하여금 정하여 보내도록 한다.

1. 태만한 하인은 분패(粉牌)[1]로 잡아들인다.

1. 포진(鋪陳) 등 여러 도구는, 실직(實職)이 있는 인원이면 각각 그들이 속한 본 아문에서 가져다 사용하게 함으로써 잔사(殘司)[2]에서 진배하는 폐단을 없앤다. 실직이 없는 인원의 것만 진배하도록 한다.

1. 당상방(堂上房)의 다모(茶母)는 또한 본 아문에서 정하여 보내되, 본 아문에 전복(典僕)이 없는 경우에는 형조로 하여금 규례대로 정하여 보내도록 한다.

1. 미진한 조항은 추후에 마련한다.

• • • • •

1 분패(粉牌) : 분을 발라 만든 나뭇조각으로, 상사의 명령 대행 증서이다.

2 잔사(殘司) : 잔폐한 관사라는 뜻으로, 보통 재정이나 관원이 부족한 아문을 지칭한다. 여기서는 장흥고(長興庫), 조지서(造紙署), 자문감(紫門監) 등 진배할 물품을 제조하거나 혹은 조달하여 상급 관청에 올리는 일을 담당하는 하급 관청을 일컫는다.

계사질 啓辭秩

6월 1일

찬수청 낭청이 도제조의 뜻으로 아뢰기를,

"신들이 이제 막 개좌(開坐)하고 회동(會同)하여 응행 사목(應行事目)을 전례(前例)를 참고하여 우선 마련하여 써서 들입니다. 경자년(1720, 숙종46) 이후의 《정원일기(政院日記)》를 차례로 가져와서 찬수하는 데에 참고 자료로 삼도록 하는 것이 어떻겠습니까?"

하니, 윤허한다고 전교하였다.

6월 4일

찬수청 낭청이 도제조의 뜻으로 아뢰기를,

"본청의 처소는 형조와 공조로 정하여 이미 계하를 받았습니다만, 궁원도감(宮園都監)의 사역(事役)이 번다해서 전처럼 형조에 배설하지 않을 수 없습니다. 그러므로 본청은 예조에 옮겨 설치하고 아울러 중추부와 함께 쓰겠습니다. 감히 아룁니다."

하니, 알았다고 전교하였다.

6월 4일

찬수청 낭청이 도제조의 뜻으로 아뢰기를,

"신축년(1721, 경종1) 겨울 국안(鞫案) 및 정원에 둔 각 연도 국안을 차례로 가져와서 참고 자료로 삼는 것이 어떻겠습니까?"

하니, 윤허한다고 전교하였다.

6월 4일

찬수청 낭청이 도제조의 뜻으로 아뢰기를,

"본청 낭청 홍명한(洪名漢)이 자급이 올랐으므로[1] 후임에 부사과 서명천(徐命天)을 차하하여 직임을 살피도록 하는 것이 어떻겠습니까?"

하니, 윤허한다고 전교하였다.

6월 4일

찬수청 낭청이 도제조의 뜻으로 아뢰기를,

"신축년(1721)과 임인년(1722) 두 해의 《춘방일기(春坊日記)》는 편차할 때에 참고할 단서가 없지 않을 것이니, 보내오도록 하는 것이 어떻겠습니까?"

하니, 윤허한다고 전교하였다.

6월 4일

찬수청 낭청이 도제조의 뜻으로 아뢰기를,

"《정원일기》는 먼저 가져 올 것이 또한 많으니 수직할 관원이 없어서는 안 됩니다. 낭청 1원을 오늘부터 날마다 돌아가며 직숙(直宿)하도록 하겠습니다. 감히 아룁니다."

하니, 알았다고 전교하였다.

• • • • •

1 홍명한(洪名漢)이 자급이 올랐으므로 : 홍명한이 이해 6월 2일 동부승지에 제수되었다. 당하관에서 당상관으로 오른 것이다.《承政院日記 英祖 31年 6月 2日》

6월 7일

찬수청 낭청이 도제조의 뜻으로 아뢰기를,

"전에 삼사(三司)의 신하가 도감 낭청에 차임되면 계품하여 본직을 체차함으로써 도감의 일에 전념할 수 있도록 하는 것이 상례입니다. 본청 낭청 중에 집의 서명응(徐命膺)과 지평 원인손(元仁孫)을 우선 대직(臺職)에서 체차해 주도록 하는 것이 어떻겠습니까?"

하니, 윤허한다고 전교하였다.

6월 11일

찬수청 낭청이 도제조의 뜻으로 아뢰기를,

"본청 낭청 서명응과 원인손이 이미 대직에서 체차되어 현재 직명이 없으니, 해당 조(曹)로 하여금 모두 구전 정사(口傳政事)로 군직(軍職)에 붙여 관디 차림으로 항상 사진(仕進)하도록 하는 것이 어떻겠습니까?"

하니, 윤허한다고 전교하였다.

6월 16일

찬수청 낭청이 도제조의 뜻으로 아뢰기를,

"본청 낭청 홍경해(洪景海)는 대직(臺職)에 옮겨 제수되었는데 패초(牌招)를 어기고 버티느라 여러 날 사진하지 못하였으니 전례대로 대직을 체차해 주고, 낭청 이최중(李最中)은 병세가 매우 중하여 실로 직임을 수행할 가망이 없으니 낭청의 직임을 체차해 주고, 그 후임에 교리 정상순(鄭尙淳)을 차하하여 직임을 살피게 하는 것이 어떻겠습니까?"

하니, 윤허한다고 전교하였다.

6월 16일

찬수청 낭청이 도제조의 뜻으로 아뢰기를,

"본청 낭청 홍경해가 대직에서 이미 체차되어 현재 직명이 없으니, 해당 조로 하여금 구전 정사로 군직에 붙여 관디 차림으로 항상 사진하게 하는 것이 어떻겠습니까?"

하니, 윤허한다고 전교하였다.

7월 1일

찬수청 낭청이 도제조의 뜻으로 아뢰기를,

"본청 낭청에 홍준해(洪準海)를 차하하여 직임을 살피게 하는 것이 어떻겠습니까?"

하니, 윤허한다고 전교하였다.

7월 4일

찬수청 낭청이 도제조의 뜻으로 아뢰기를,

"낭청 이길보(李吉輔)와 정상순(鄭尙淳)이 현재 직명이 없으니, 해당 조로 하여금 구전 정사로 군직에 붙여 직임을 살피게 하는 것이 어떻겠습니까?"

하니, 윤허한다고 전교하였다.

7월 12일

찬수청 낭청이 도제조의 뜻으로 아뢰기를,

"낭청 황인검(黃仁儉)·이길보·남태저(南泰著)가 모두 파산(罷散)[2] 중에 있으므로 모두 도로 차하하되, 현재 직명이 없으니 해당 조로 하여금 구전 정사로 군직에 붙여 관디 차림으로 항상 사진하게 하는 것이 어떻겠습니까?"

하니, 윤허한다고 전교하였다.

7월 12일[3]

찬수청 낭청이 도제조의 뜻으로 아뢰기를,

"본청 낭청 홍인한(洪麟漢)이 현재 직명이 없으니, 해당 조로 하여금 구전 정사로 군직에 붙여 직임을 살피게 하는 것이 어떻겠습니까?"

하니, 윤허한다고 전교하였다.

• • • • •

2 파산(罷散) : 파직되어 관계(官階)만 있고 직장(職掌)이 없는 산관(散官)이 된 것이다.

3 7월 12일 : 《승정원일기》 영조 31년 7월 18일 기사에, 이조에서 정랑 홍인한이 신병이 위중하여 직임을 살필 수 없다고 정장(呈狀)을 올렸으므로 개차하겠다고 아뢰어 윤허받은 내용이 나온다. 본 기사는 《승정원일기》 영조 31년 8월 1일에 실려 있다.

7월 26일[4]

찬수청 낭청이 도제조의 뜻으로 아뢰기를,

"본청의 처소는 지난번 궁원도감의 초기(草記)로 인하여 예조와 중추부로 옮겨 설치하였습니다만, 감시(監試) 초시(初試)는 의당 예조에 과장(科場)을 설치해야 하는데 기일이 얼마 남지 않아서 지장을 주고 구애되는 일이 많습니다. 본청에서 당초에 계하받은 절목에 따라 도로 형조와 공조로 옮기겠습니다. 감히 아뢰습니다."

하니, 알았다고 전교하였다.

7월 26일[5]

찬수청 낭청이 도제조의 뜻으로 아뢰기를,

"본청 낭청 이성경(李星慶)은 어제 특별히 서용하라는 명이 있었는데,[6] 현재 직명이 없으니 해당 조로 하여금 구전 정사로 군직에 붙이게 하는 것이 어떻겠습니까?"

하니, 윤허한다고 전교하였다.

• • • • •

4 26일 : 같은 기사가 《승정원일기》 영조 31년 7월 28일에 실려 있다.

5 7월 26일 : 이 기사도 앞의 기사와 같이 《승정원일기》 영조 31년 7월 28일에 실려 있다.

6 본청……있었는데 : 《승정원일기》 영조 31년 7월 25일 기사에 "이성경(李星慶)을 서용한 뒤에 도로 찬수청 낭청에 차임하라."는 탑교(榻敎)가 실려 있다.

8월 2일

찬수청 낭청이 도제조의 뜻으로 아뢰기를,

"본청 낭청 정상순(鄭尙淳)이 경상도 경시관(慶尙道京試官)에 차임되었는데, 지금 찬수하는 일이 한시가 급합니다. 정상순의 경시관 직임을 지금 우선 개차하여 본청에 전념하여 사진하도록 하는 것이 어떻겠습니까?"

하니, 윤허한다고 전교하였다.

8월 30일

찬수청 낭청이 도제조의 뜻으로 아뢰기를,

"본청 낭청 홍준해(洪準海)가 현재 직명이 없으니, 해당 조로 하여금 구전 정사로 군직에 붙여 직임을 살피도록 하고, 낭청 이양천(李亮天)과 홍인한(洪麟漢)은 지금 파산(罷散) 중에 있으므로 모두 도로 차하하되, 현재 직명이 없으니 해당 조로 하여금 규례대로 구전 정사로 군직에 붙여 관디 차림으로 항상 사진하도록 하는 것이 어떻겠습니까?"

하니, 윤허한다고 전교하였다.

9월 15일

찬수청 낭청이 도제조의 뜻으로 아뢰기를,

"본청에서 찬수하는 책자는 이제 막 중초(中草)[7]를 냈습니다. 《정원일기(政院日記)》 및 《금부추안(禁府推案)》은 앞으로 다시 참고할 일이 있으면 의당 전에 올린 초기(草記)[8]대로 가져와야 합니다만, 줄곧 보관해 두는 것은 또한 온당하지 않으므로 이미 각각 본래 있던 곳으로 돌려보냈습니다. 당상과 낭청이 사진하는 것을 폐할 수는 없지만 낭청의 직숙(直宿)은 지금 일단 정지해야 마땅할 듯합니다. 도감을 처음에 예조와 중추부에 설치했다가 중간에 형조와 공조로 옮겼는데, 형조에서 근래 계복 문서(啓覆文書)를 수정해야 한다고 하니 변통하는 도리가 없을 수 없습니다. 다시 전의감으로 옮겨 설치하는 것이 어떻겠습니까?"

하니, 윤허한다고 전교하였다.

9월 27일

찬수청 낭청이 도제조의 뜻으로 아뢰기를,

"본청 낭청에 궐원이 있어 후임에 전 교리 조엄(趙曮)과 이조 좌

• • • • •

7 중초(中草) : 사료 편찬 사업의 진행 순서에서 중간 단계의 원고 즉 초본(草本)이다. 처음 작성된 원고를 초초(初草)라고 하고 중초를 거쳐 완성된 최종 단계의 원고를 정초(正草)라고 한다.

8 전에 올린 초기(草記) : 초기는 본책 〈계사질〉 6월 1일과 4일 조에 각각 실려 있다.

랑 정광한(鄭光漢)을 차하하였습니다만, 지금 서역(書役)이 긴급하니 전 교리 윤득우(尹得雨)와 정존겸(鄭存謙)을 아울러 더 차하하되, 현재 직명이 없는 인원은 해당 조로 하여금 구전 정사로 군직에 붙여 관디 차림으로 항상 사진하도록 하는 것이 어떻겠습니까?"

하니, 윤허한다고 전교하였다.

9월 28일

찬수청 낭청이 도제조의 뜻으로 아뢰기를,

"본청 낭청 정상순(鄭尙淳)과 조엄이 패초(牌招)를 어겨 파직되었습니다. 지금 이미 서용되었으니[9] 도로 차하하되, 현재 직명이 없습니다. 해당 조로 하여금 구전 정사로 군직에 붙여 직임을 살피도록 하는 것이 어떻겠습니까?"

하니, 윤허한다고 전교하였다.

9월 일[10]

찬수청 낭청이 도제조의 뜻으로 아뢰기를,

"본청의 서역(書役)이 매우 번다하므로 낭청의 인원수가 많아야

• • • • •

9 지금 이미 서용되었으니 : 《승정원일기》 영조 31년 9월 28일 기사에 정상순을 부교리로, 조엄을 부수찬으로 서용한다는 내용이 실려 있다. 본 기사는 다음 날인 9월 29일에 실려 있다.

10 9월 일 : 동일한 기사가 《승정원일기》 영조 31년 10월 13일 기사에 실려 있다.

하니, 부수찬 이세택(李世澤)과 부사과 이상윤(李尙允)을 더 차하하여 직임을 살피도록 하는 것이 어떻겠습니까?"

하니, 윤허한다고 전교하였다.

10월 22일

찬수청 낭청이 도제조의 뜻으로 아뢰기를,

"본청 낭청 원인손(元仁孫)과 정광한(鄭光漢)은 현재 직명이 없으니 해당 조로 하여금 구전 정사로 군직에 붙이게 하고, 낭청 송문재(宋文載)는 지금 파산(罷散) 중에 있으니 도로 차하하여 직임을 살피게 하되, 마찬가지로 군직에 붙여 관디 차림으로 항상 사진하도록 하는 것이 어떻겠습니까?"

하니, 윤허한다고 전교하였다.

11월 22일

찬수청 낭청이 도제조의 뜻으로 아뢰기를,

"《천의소감(闡義昭鑑)》을 이달 25일에 인간(印刊)을 마치고 배진(陪進)해야 하는데, 낭청 이길보(李吉輔)·송문재(宋文載)·정존겸(鄭存謙)·정광한(鄭光漢)·이성경(李星慶)이 파산 중에 있거나 직명이 없습니다. 모두 해당 조로 하여금 구전 정사로 군직에 붙여 관디 차림으로 항상 사진하게 함으로써 배진할 수 있도록 하는 것이 어떻겠습니까?"

하니, 윤허한다고 전교하였다.

12월 5일

찬수청 낭청이 도제조의 뜻으로 아뢰기를,

"내일《천의소감》을 배진할 때 찬수청 당상과 낭청이 모두 참석해야 하는데, 당상 서종급(徐宗伋)과 조영국(趙榮國)이 현재 직명이 없으니, 해당 조로 하여금 구전 정사로 군직에 붙이게 함으로써 배진할 수 있도록 하는 것이 어떻겠습니까?"

하니, 윤허한다고 전교하였다.

거조질

擧條秩

1. 오늘 7월 7일 친국(親鞫)하기 위해 입시할 때에 지사 홍계희(洪啓禧)를 찬수청 당상으로 더 차하하였는데, 지금 교외에 있다고 하니, 즉시 들어와서 직임을 살피게 하도록 탑전 하교(榻前下敎)를 내었다.

7월 25일

1. 전교하기를,

"찬수청 당상은 모두 들어오고 어제 편차인(御製編次人)[1]과 호조 판서도 함께 입시하라."

하였다.

7월 25일

1. 찬수청 당상, 어제 편차인, 호조 판서가 함께 입시하였을 때 전교하기를,

"지금 듣건대 찬수청 당상 조영국(趙榮國)이 찬수청에 사진하지 않았다고 하니, 즉시 신칙하여 공무를 행하도록 하라."

하고, 이성경(李星慶)은 서용한 뒤에 도로 찬수청 낭청에 차하하

• • • • •

1 어제 편차인(御製編次人) : 영조 때 어제 편차의 직임을 맡은 사람이다. 이 직임이 처음 등장하는 것은 《승정원일기》 영조 25년 5월 10일 강화 유수 원경하(元景夏), 행 부사직 조명리(趙明履), 우윤 이철보(李喆輔)가 하교를 받고 편차인으로 입시한 기사이다. 이들을 비롯하여 구윤명(具允明), 채제공(蔡濟恭), 조명정(趙明鼎) 등이 후대에까지 편차인으로서 이름을 남겼다. 정조 때 와서는 규장각 신하들이 이 일을 담당하였다.

도록 탑전 하교를 내었다.

8월 8일

1. 같은 날, 좌의정·판의금부사·약방 제조가 함께 입시하였을 때 좌의정 김상로(金尙魯)가 아뢰기를,

"근래 명관(名官)으로서 왕역(往役)[2]을 꺼리고 싫어하는 것이 참으로 고질적인 병폐가 되고 있습니다만, 각 도의 경시관(京試官)이나 도사(都事)의 정체(呈遞)[3]가 이번보다 더 분잡한 적이 없으니, 일의 체모가 지극히 온당치 못합니다. 심지어 영접도감 낭청은 찬수청에 비할 만큼 긴중한 자리가 아니건만 초기를 올려 그대로 유임하도록 허락받았으니 또한 잘못된 인사에 관련됩니다. 이조의 해당 당상 및 영접도감 당상을 모두 엄하게 추고하고, 정원은 연속해서 봉입한 책임이 있으니 해당 승지 또한 추고하는 것이 어떻겠습니까?"

하니, 상이 그대로 하라고 하였다.

• • • • •

2 왕역(往役) : 왕명에 따라 반드시 수행해야 하는 임무이다. 즉 상사(上司)로부터 차출되거나 궁묘(宮廟)의 향관(享官), 시원(試院)의 고시관(考試官), 옥사(獄事)의 검시관(檢屍官), 조운(漕運)의 차사원(差使員), 칙사(勅使)의 영송차사원(迎送差使員), 표류선의 문정관(問情官), 제방(隄防)의 수리와 성역(城役)의 감독관 등으로 차출되는 경우이다.《牧民心書 第3部 奉公 6條 往役》

3 정체(呈遞) : 체직을 청하는 문서를 올리는 것이다.

9월 12일

1. 전교하기를,

"영상과 좌상, 기판(騎判 병조 판서), 원경하(元景夏) 및 조명리(趙明履)는 입시하라고 하교를 내라."

하였다.

9월 19일

1. 같은 날, 영부사 김재로(金在魯), 지사 원경하(元景夏)가 함께 입시하였을 때 전교하기를,

"지중추부사 원경하와 찬수청 당상 서종급(徐宗伋)도 신칙하여 사진하게 하라."

하였다.

9월 22일

1. 찬수청 당상에 신만(申晩), 이정보(李鼎輔), 서명빈(徐命彬), 남태제(南泰齊)를 더 차하하도록 탑전 하교를 내었다.

10월 9일

1. 영상, 지사 원경하, 행 사직 조명리가 입시하는 데에 좌우 포도대장이 함께 입시하였다. 이때 영의정 이천보(李天輔)가 아뢰기를,

"찬수하는 일이 시급한데, 홍계희(洪啓禧)가 장모를 귀장(歸葬)한다는 이유로 휴가를 받아 고향에 내려갔습니다. 비록 법전에

기재된 일이지만 이러한 때 나가는 것은 몹시 온당하지 않습니다. 유단(由單)[4]을 봉입한 승지를 추고하는 것이 어떻겠습니까?"

하니, 상이 이르기를,

"그대로 하라."

하였다. 또 아뢰기를,

"찬수청 당상은 여러 사람의 의견을 널리 모아야 하니, 많은 사람의 이름을 편말에 기재하도록 하는 것이 좋을 듯합니다. 홍봉한(洪鳳漢)과 오수채(吳遂采) 등 두 사람도 합당합니다."

하고, 원경하가 아뢰기를,

"영남 사람으로 권상일(權相一)을 찬수하는 데 동참하게 한다면 좋을 듯한데, 팔순의 완연한 노인이라 상경하기가 곤란합니다. 낭청 가운데 영남 사람을 차하하여 동참하게 한다면 좋을 듯합니다."

하니, 상이 이르기를,

"그대로 하라. 권상일도 일체 더 차하하라."

하였다.

10월 13일

1. 같은 날, 약방이 입진(入診)할 때, 사관이 나와 찬수청의 책 네 권을 들이니, 영상은 입시하라고 하교하였다.

4 유단(由單) : 말미를 청원하는 문서이다. 유장(由狀)이라고도 한다.

10월 14일

1. 전교하기를,

"영상 및 원경하(元景夏)와 조명리(趙明履)는 입시하라고 하교를 내라."

하였다.

11월 2일

1. 전교하기를,

"찬수청 당상과 낭청은 하교하는 날 와서 대령하도록 분부하라."

하였다.

11월 5일

1. 육상궁(毓祥宮)에 거둥할 때 전교하기를,

"찬수청 당상과 낭청은 직접 비답을 받으라고 분부하라."

하였다. 전교하기를,

"《천의소감》의 역사(役事)를 마친 뒤 당상과 낭청이 배진(陪進)할 때 단지 세장(細仗)[5]으로 명정전(明政殿)에 들어오라."

하였다. 전교하기를,

"《천의소감》은 자전(慈殿)에 1건을 봉진하고, 대전에 3건을 진

5 세장(細仗) : 소규모의 의장(儀仗)으로, 궁 밖을 거둥하거나 노차(路次)할 때 사용한다. 능에 참배할 때와 문밖의 거둥에 사용하는 소가 노부(小駕鹵簿)가 여기에 해당한다.《國朝五禮序例 卷2 嘉禮 鹵簿》

상하고, 세자궁에 1건을 진헌하고, 사고(史庫) 5곳, 의정부, 중추부, 육조, 승정원, 홍문관, 예문관, 시강원, 3도(都)·8도(道) 및 종친부·의빈부 2품 이상, 실직(實職)과 군함(軍銜)을 포함한 시종(侍從) 이상의 문신, 곤수(閫帥) 이상을 거친 무신에게 간인(刊印)하여 반사(頒賜)하도록 분부하라."

하였다.

11월 6일

1. 육상궁에 거둥했다가 환궁할 때에 전교하기를,

"비록 음관(蔭官)이라도 당상 이상의 실직 및 일찍이 찬수청 낭청을 거친 사관에게 《천의소감》을 일체 반포하라."

하였다. 전교하기를,

"내일 삼사신(三使臣)[6]이 입시할 때 《천의소감》의 간인과 교정을 맡은 두 당상[7]과 병판도 일체 입시하라."

하였다. 전교하기를,

"찬수청 도제조 이하를 서계(書啓)하라."

하였다.

• • • • •

6 삼사신(三使臣) : 외국에 나가는 사신으로서 상사(上使), 부사(副使), 서장관(書狀官)을 일컫는다. 여기서는 동지사로 중국에 가는 상사 해봉군(海蓬君) 이린(李橉), 부사 정광충(鄭光忠), 서장관 이기경(李基敬)을 지칭한다.

7 두 당상 : 《천의소감》을 교정할 때의 당상 신만(申晩)과 이성중(李成中)이다. 《승정원일기》 영조 31년 11월 7일 기사에는 "찬수 당상(纂修堂上) 신만·이성중"이라고 하였다.

11월 7일

1. 약방이 입진할 때 삼사신, 《천의소감》 교정 당상, 병조 판서가 함께 입시하였다. 이때 도승지 남태회(南泰會)가 아뢰기를,

"초선(抄選)[8]을 모두 서연관(書筵官)에 부직(付職)하였습니다만, 실직도 아니고 군함도 아니므로 이조와 병조에서 올린 《천의소감》 반사 단자(頒賜單子) 가운데 누락되었으니, 어떻게 해야겠습니까?"

하고, 영의정 이천보(李天輔)가 아뢰기를,

"초선에게는 의당 모두 반사해야 합니다."

하니, 상이 이르기를,

"초선에게 일체 반사하라."

하였다.

11월 7일

1. 약방이 입진하고, 찬수청 당상과 병조 판서가 함께 입시하였다. 이때, 찬수청 낭청 황인검(黃仁儉)·조엄(趙曮)·정상순(鄭尙淳)·남태저(南泰著)는 모두 본사(本司)의 사진(仕進)을 면제해 주어 인역(印役)에 전념하게 하도록 탑전 하교를 내었다.

8 초선(抄選) : 의정 대신(議政大臣)과 이조의 당상관이 회합하여 경연관으로 적합한 사람을 선발하는 것, 또는 뽑힌 사람을 지칭한다.

11월 7일

1. 삼사신, 《천의소감》 교정 당상, 병조 판서가 함께 입시하였다. 이때 《천의소감》 교정 당상 신만(申晩)이 아뢰기를,

"《천의소감》의 인역이 십분 긴중한데 운각(芸閣 교서관(校書館))의 인출장(印出匠)이 6명뿐이라 일이 몹시 구차하고 어렵습니다. 관상감의 인출장 2명을 이송하게 하여 사역할 수 있도록 하는 것이 어떻겠습니까?"

하니, 상이 이르기를,

"그대로 하라."

하였다. 당상 이성중(李成中)이 아뢰기를,

"《천의소감》의 인역이 끝난 뒤에 중초책(中草冊) 및 일기(日記) 등 책을 어떻게 처리해야 합니까?"

하니, 상이 이르기를,

"모두 세초(洗草)하라."

하였다. 이천보가 아뢰기를,

"그 중초책 1건에는 어필(御筆)로 첨삭한 곳이 있는데, 이것은 어떻게 해야 합니까?"

하니, 상이 이르기를,

"일체 세초하라."

하였다.

11월 14일

1. 오늘 입시하였을 때 전교하기를,

"찬수청 도제조인 영부사 김재로(金在魯), 영의정 이천보(李天輔)에게 각각 숙마(熟馬) 1필을 면급(面給)하고, 우의정 조재호(趙載浩)에게 아마(兒馬) 1필을 사급(賜給)하라. 5월에 계하한 이후 11월까지 사진한 당상 6원(員)에게 각각 숙마 1필, 추후 계하한 당상 9원에게 각각 반숙마(半熟馬) 1필, 5월부터 11월까지 사진한 낭청 6원에게 각각 반숙마 1필, 5월부터 9, 10월까지 사진한 낭청 3원과 6월부터 11월까지 사진한 낭청 3원에게 각각 반숙마 1필, 낭청 조엄(趙曮)·정광한(鄭光漢)·윤득우(尹得雨)·정존겸(鄭存謙)에게 각각 반숙마 1필, 홍명한(洪名漢)·이최중(李最中)·홍경해(洪景海)에게 각각 상현궁(上弦弓) 1장(張)을 사급하라. 당상 권상일(權相一)과 낭청 이세택(李世澤)은 논상하지 말라. 녹사(錄事) 이하 원역(員役)과 하인(下人) 등에게는 해당 조로 하여금 미포(米布)를 제급(題給)하게 하라."

하였다.

전교하기를,

"행 사직 조명리(趙明履)는 여러 해 편차하는 직무를 수행하였고 이번 찬수 사업에 마음을 다해 서계(書啓)와 계주(稽奏)를 담당하였다.[9] 이제 마침내 시상하여 상전을 내리기는 하였으나

• • • • •

9 조명리(趙明履)는……담당하였다 : 조명리는 어제 편차인으로서 《광묘어제

고인이 되었으니 내 마음이 슬프다. 그에게 내리는, 사마(賜馬)하는 상전을 특별히 면급하여 내 뜻을 보이고, 앞으로 치제할 때 이 일을 첨입하도록 지제교에게 분부하라."

하였다.

행 사직 조명리에게 사마하라는 전교를 도로 들이자 '그에게 내리는, 사마하는 상전〔其所賜馬〕'을 '어찌 그 첩을 하사하겠는가.〔豈賜其帖〕'라고 고치고 '특별히 면급하여〔特爲面給〕'를 '특별히 그 말을 하사하여〔特賜其馬〕'라고 고쳐서 다시 써서 냈다.[10]

11월 26일

1. 전교하기를,

"《천의소감》을 배진할 때 도로는 돈화문(敦化門)에서 명정전(明政殿)을 거쳐 들이게 하라."

하였다.

11월 26일

1. 전교하기를,

"진전(進箋)은 하교를 기다려 행하고, 입시는 시복(時服)[11] 차림

• • • • •

훈사(光廟御製訓辭)》 등을 찬집하였고, 《천의소감》 찬수청 당상이 되어 찬수를 마칠 때까지 직무를 수행하였는데, 논상이 있기 며칠 전에 죽었다.

10 전교하기를 행 사직……냈다 : 《승정원일기》 영조 31년 11월 14일 기사에는 고친 내용으로 전교가 실려 있다.

으로 행하라."

하였다.

11월 26일

1. 전교하기를,

"진전한 뒤에 당상과 낭청이 운각(芸閣)에 있는 《천의소감》을 가지고 숭문당(崇文堂)에 입시하라."

하였다.

•••••

11 시복(時服) : 관원이 입시(入侍) 또는 공무 집행 때 입는 예복이다. 단령(團領)에, 흉배(胸背)가 없고, 담홍색이다.

이관질
移關秩

을해년(1755, 영조31) 6월 일 의금부로 보냄

1. 상고하는 일입니다. 이번 찬수할 때에 살펴볼 일이 있으니, 신축년(1721, 경종1) 겨울 박상검(朴尙儉) 등의 추안(推案), 갑진년(1724) 겨울 김일경(金一鏡)과 목호룡(睦虎龍) 등의 추안, 을사년(1725) 여름 윤취상(尹就商) 등의 추안과 이사상(李師尙)을 교형(絞刑)에 처한다[1]는 판부(判付) 문서를 모두 실어 보내 주어서, 참고 자료로 살펴본 뒤에 돌려보내도록 하는 것이 마땅하겠습니다.

6월 일 호조와 병조로 보냄

1. 상고하는 일입니다. 본청 녹사(錄事) 2인, 서리(書吏) 12인, 서사(書寫) 2인, 고지기(庫直) 3명, 사령(使令) 15명에게 호조와 병조로 하여금 요포(料布)를 지급하게 하도록 이미 계하받았습니다. 이달 1일 회동(會同)할 때부터 한 달 동안의 요포와 점심미(點心米)를 사목(事目)에 따라 우선 즉시 마련하여 지급하는 것이 마땅하겠습니다.

6월 일 호조로 보냄

1. 상고하는 일입니다. 본 도감의 녹사 2인, 서리 12인, 서사 2인,

• • • • •

1 이사상(李師尙)을 교형(絞刑)에 처한다 : 《승정원일기》 영조 1년 7월 4일 기사에, 교형에 처하라는 전지를 내린 내용이 실려 있다.

고지기 3명, 사령 15명 등의 점심미를 일기청의 예에 따라 마련하여 지급하라는 것은 도제조의 뜻이니, 상고하여 시행하기 바랍니다.

6월 모일 호조로 보냄

1. 상고하는 일입니다. 본 도감의 녹사 2인에게 점심미를 지급하도록 도제조의 뜻으로 분부하였습니다. 담당 관리가, 서리는 단료(單料)[2]이므로 그 점심미를 지급하는데, 녹사는 단료로 마련하지 않으므로 원래 지급하는 예가 없다고 와서 고하였습니다. 그런데 이것은 그렇지 않은 점이 있습니다. 서리의 삭포(朔布)는 2필인데 녹사는 포 1필을 받으니 이미 불공평한 데다 심지어 점심미까지 받아먹지 못하는 것은 더욱 측은한 면이 있습니다. 전례가 있고 없고는 우선 따지지 말고 이처럼 역사가 번다하고 바쁜 날에 돌아보고 위무하는 도리가 없어서는 안 되므로 이들 녹사에게도 점심미를 즉시 마련하여 지급하라는 것은 도제조의 뜻이니, 상고하여 시행하기 바랍니다.

6월 일 의금부로 보냄

1. 상고하는 일입니다. 이번에 찬수할 때 상고할 일이 있으니, 경

2 단료(單料) : 중인 등 하급 관리들에게 지급하는 정해진 급료로서의 요미(料米)이다.

술년(1730, 영조6) 나홍언(羅弘彦)[3]의 추안, 을축년(1745) 이색(李嗇)[4]의 추안, 무진년(1748) 겨울 권혜(權嵇)와 권집(權緝)[5]의 추안을 모두 실어 보내 주어서, 참고 자료로 살펴본 뒤에 돌려보내도록 하는 것이 마땅하겠습니다.

7월 일 의금부로 보냄

1. 상고하는 일입니다. 이번에 찬수할 때 살펴볼 일이 있으니, 경술년 추안을 실어 보내 주어서, 참고 자료로 살펴본 뒤에 돌려보내도록 마땅히 상고하여 시행하기 바랍니다.

7월 일 병조로 보냄

1. 상고하는 일입니다. 회첩(回牒) 내에 대략 "각 관사의 허다한 서리 가운데 어찌 꼭 전임 서리를 써야 합니까. 전첩(前牒)에 이미 다 아뢰었는데 시행을 허락받지 못한 일로 첩정을 올립니다."라고 하였습니다. 본 도감에 요포가 없는 서리 7인 가운데 병조의 전임

• • • • •

3 나홍언(羅弘彦) : 1730년(영조6) 폐출(廢黜)된 여흥군(驪興君) 이해(李垓)와 여릉군(驪陵君) 이기(李圻)를 추대하려다가 발각되어 처형되었다.

4 이색(李嗇) : 무신란에 연루되어 처형된 이순관(李順觀)의 적질(嫡姪)로, 가산(嘉山)에 유배되어 있던 중에 1745년(영조21) 역모 혐의로 잡혀 와 물고(物故)되었다.

5 권혜(權嵇)와 권집(權緝) : 종친 여천군(驪川君) 이증(李增)의 외손들로 무진년(1748)에 익명서를 조작한 것이 발각되어 복주되었다. 그 사건에 연루되어, 이증은 제주(濟州) 유배지에서 1752년에 죽었고, 이증의 아우 여선군(驪善君) 이학(李壆)은 1755년에 복주되었다.

서리 박진욱(朴震郁)과 호조의 전임 서리 이세대(李世大)는 등록에 기재된 자들로, 처음부터 사역하여 허다한 중대 문서의 출납을 오로지 담당하였습니다. 지금 생소한 자로 바꾸어 차임해서는 안 되므로 내처 사역하게 하되, 역사를 마칠 때까지 삭포(朔布)를 달마다 지급해야 합니다. 그 나머지 5인은 모두 해직하여 보내되, 이미 복역한 데 대해 대가를 지급하지 않은 것은 참으로 불쌍하니, 사역한 두 달 치 삭포를 또한 계산하여 지급함으로써 원망하는 폐단이 없게 하기 바랍니다.

7월 일 병조로 보냄

1. 상고하는 일입니다. 금년 봄 이후의 정법(正法 정형(正刑)) 죄인 및 역률(逆律)로 추시(追施)된 죄인 등의 초문안(草文案)을 가져와서 참고로 삼겠다는 일로 도제조가 연석(筵席)에서 여쭈어 결정하였습니다. 같은 문서를 단단히 봉하여 보내 주어 찬수한 뒤에 돌려보내도록 하기 바랍니다.

8월 일 호조와 병조로 보냄

1. 상고하는 일입니다. 본 도감의 녹사 2인, 요포가 없는 서리 2인, 정원 대령 서리 1인의 이번 달 요포 및 서리 12인의 점심미를 규례대로 마련하여 지급하도록 마땅히 상고하여 시행하기 바랍니다.

8월 일 비국과 사헌부로 보냄

1. 상고하는 일입니다. 본청에 옮겨 차임한 호조와 병조의 서리 각 4인과 서사 2인, 제용감과 사재감의 서원 각 1인 등의 성명을 다음과 같이 기록하여 공문을 보내니, 이번 감시(監試)를 위해 봉점(逢點)[6]할 때 규례대로 탈하(頉下)[7]하는 것이 마땅하겠습니다.

8월 일 의금부로 보냄

1. 상고하는 일입니다. 이번 찬수할 때 살펴볼 일이 있으니, 무신년(1728, 영조4) 국안(鞫案)을 모두 실어 보내 주어서, 참고 자료로 살펴본 뒤에 돌려보내도록 하기 바랍니다.

8월 일 의금부로 보냄

1. 상고하는 일입니다. 이번 찬수할 때 살펴볼 일이 있으니, 을사년(1725, 영조1) 이천해(李天海)[8]의 추안(推案)을 즉시 실어 보내 주어서, 상고한 뒤에 돌려보내도록 하기 바랍니다.

6 봉점(逢點) : 관아의 점고(點考)를 거치는 일이다.

7 탈하(頉下) : 특별한 사정이나 탈로 인해 대상에서 빼내는 것이다. 여기서는 본청에 옮겨 차임된 인원이 감시 응시자의 명단에 들어 있으면 소속 관아에서 점고할 때 명단에서 빼도록 하는 것을 말한다.

8 이천해(李天海) : 을사년(1725, 영조1)에 영조가 의릉(懿陵)에 행차하였을 때 어가(御駕) 앞에서 흉언을 한 죄로 친국을 당하고 그해 처형되었다. 흉언을 사주한 이유익(李有翼)과 심유현(沈維賢) 등이 함께 죄를 받았다.

8월 일 의금부로 보냄

1. 상고하는 일입니다. 본청에서 살펴볼 일이 있으니, 병술년(1706, 숙종32) 임부(林溥)[9]와 이잠(李潛)[10]의 추안을 즉시 실어 보내 주어서, 살펴본 뒤에 돌려보내도록 하기 바랍니다.

9월 일 호조와 병조로 보냄

1. 상고하는 일입니다. 본청의 녹사 2인, 요포가 없는 서리 2인, 정원 대령 서리 1인의 이번 달 요포 및 옮겨 차임한 서리 12인의 점심미를 일체 마련하여 지급하기 바랍니다.

9월 일 비국으로 보냄

1. 상고하는 일입니다. 본청에 옮겨 차임된 서리, 서사, 서원 및 글씨 잘 쓰는 서리, 서원 등의 성명을 다음과 같이 기록하니, 이번 구일제(九日製)를 위해 봉점할 때 규례대로 탈하하기 바랍니다.

• • • • •

9 임부(林溥) : 소론계의 유생이다. 1706년(숙종32) 5월 29일 충청도 유생 22명이 연명으로 상소를 올려 동궁이던 훗날의 경종을 모해한 죄목으로 노론을 논척하였는데, 임부는 이 상소의 소두(疏頭)이다. 이 일로 국문(鞫問)을 받고 귀양 갔는데, 이잠(李潛)의 상소에 연루되어 다시 국문을 받다가 죽었다.

10 이잠(李潛) : 남인계의 유생이다. 1706년 9월 17일에 상소를 올려, 노론계인 김춘택(金春澤) 등이 희빈(禧嬪) 장씨(張氏) 소생의 원자 책봉을 미루고 있는 점 등에 대해 논척하였고, 이 일로 국문을 받다가 죽었다.

10월 일 의금부로 보냄

1. 상고하는 일입니다. 이번 찬수할 때 살펴볼 일이 있으니, 양취도(楊就道)[11]의 추안을 즉시 실어 보내 주어서 살펴본 뒤에 돌려 보내도록 하기 바랍니다.

11월 일 호조와 병조로 보냄

1. 상고하는 일입니다. 《천의소감》을 지금 교서관에서 한창 간인하고 있는데, 허다한 원역은 일전에 모두 돌려보냈고, 그 가운데 처음부터 근면하고 성실하게 사역한 호조 서리 정기석(鄭基錫), 호조의 전임 서리 이세대(李世大), 병조의 전임 서리 박진욱(朴震郁) 3인만 그대로 교정할 때까지 남겨 두었습니다. 그런데 이처럼 혹한기에 복역(服役)할 때에는 보살피고 도와주는 방도가 없어서는 안 되므로 이에 공문을 보내니, 이달 요포를 즉시 마련하여 지급하는 것이 마땅하겠습니다.

11월 일 호조로 보냄

1. 상고하는 일입니다. 《천의소감》을 간인하는 역사를 지금 막 시작하여 밤낮없이 독촉하고 있는데, 마침 혹한을 만나 허다한 공장(工匠) 등이 대부분 굶주리고 동상에 걸려서 생기가 거의 없으

•••••

11 양취도(楊就道) : 무오년(1738, 영조14)에 역절로 고발되어 국문을 받고 책형(磔刑)에 처해졌다.

니 보기에 몹시도 불쌍합니다. 전에는 이러한 때에 요포를 먼저 지급한 규례가 많이 있습니다. 이 공장들에게 이달 6일부터 그믐날까지 요미를 50섬에 한하여 우선 본청에 실어 보내서 분급하고 일을 시키도록 할 것입니다. 이는 이미 응당 회감(會減)[12]할 물목에 해당하므로 본조로서는 기일을 당기거나 늦추거나 상관없으나, 간인하는 역사(役事)에 매우 긴요하게 관계되니, 모름지기 공역의 지중함을 유념하여 즉시 실어 보내는 것이 마땅하겠습니다

11월 일 8도(道) 3도(都)로 보냄

1. 상고하는 일입니다. 《천의소감》을 찬수하는 일이 이미 끝나서 이제 주자(鑄字)로 인출하고 있는데, 서울과 지방을 막론하고 인출해 가도록 허락함으로써 널리 배포하는 방도로 삼을 일로 찬수청 당상과 낭청이 입시할 때 직접 전교를 받들었기에 이와 같이 관문(關文)을 보냅니다. 곧장 도내 각 읍과 각 역에 통지하여 인출해 가도록 하되, 들어가는 종이와 공가(工價 공임(工賃))는 의당 교서관에서 관문을 보내 분부할 것이니, 통지하여 거행해야 마땅하겠습니다.

12월 일 호조와 병조로 보냄

1. 상고하는 일입니다. 본청의 역사가 시종 7개월 걸렸으니, 하리

12 회감(會減) : 공용으로 지출한 명목을 회계 처리하는 것이다.

들이 근로하느라 고생한 것이 다른 도감과 차이가 있습니다. 각 도감에 옮겨 차임된 서리는 도감의 역사가 끝난 뒤에는 그 근로한 것으로 인해 전임에 다시 귀속되는 사례가 근래에 이미 많습니다. 그렇다면 본 도감의 서리 박진욱(朴震郁)과 이세대(李世大)는 이처럼 다른 도감에서 견줄 자가 없을 만큼 근로하여 고생하였는데도 각 도감의 전례에서 원용할 만한 은택을 입지 못하게 되었으니, 이는 비단 그들이 홀로 탄식할 일일 뿐 아니라 똑같이 대우해야 하는 의리로 보아서도 어찌 불공평하지 않겠습니까. 지금은 책자를 이미 진상하여 도감의 일이 거의 마무리된 상황이니 인습에 따라 그럭저럭 간과해서는 안 되므로 이에 논이(論移)[13]하는 것입니다. 보낸 공문을 받는 즉시 귀조(貴曹)의 각색(各色) 가운데 요포가 없는 자리에 붙여서 일을 시키다가 빈자리가 나면 즉시 실직에 올리도록 하는 것이 도제조의 뜻이니, 상고하여 시행하기 바랍니다.

병자년(1756, 영조32) 1월 일 호조로 보냄

1. 실입(實入)[14]으로 회감하는 일입니다. 《천의소감》을 찬수할 때 6월 1일부터 11월 5일까지 들어간 잡물을 실입에 의거하여 다음과 같이 기록하니, 이대로 회감하는 것이 마땅하겠습니다.

• • • • •

13 논이(論移) : 공문을 보내 논의하는 것이다.

14 실입(實入) : 실제로 소요된 물목과 물량이다.

다음

계목지(啓目紙), 장지(壯紙), 후백지(厚白紙), 백지(白紙), 저주지(楮注紙), 백휴지(白休紙), 황필(黃筆), 족제비 꼬리털〔黃毛〕, 참먹〔眞墨〕, 주필(朱筆), 땔나무〔燒木〕, 풀가루〔膠末〕, 황염지(黃染紙), 숯〔炭〕, 향사(鄕絲), 황촉(黃燭), 등유(燈油), 용지(龍脂)

1월 일 호조로 보냄

1. 실입으로 회감하는 일입니다. 《천의소감》을 인출할 때에 11월 6일부터 25일까지 들어간 잡물 및 언서(諺書)로 번등(飜謄)하여 진상할 때에 들어간 잡물을 아울러 실입에 따라 다음과 같이 기록하니, 이대로 회감하는 것을 마땅히 상고하여 시행하기 바랍니다.

다음

계목지, 초주지(草注紙), 저주지, 첩지(貼紙), 권지(卷紙), 후백지, 백지, 백휴지, 의지(衣紙), 황염초주지(黃染草注紙), 황염저주지(黃染楮注紙), 황필, 백필(白筆), 참먹, 반참먹〔半眞墨〕, 초록진사(草綠眞絲), 홍진사(紅眞絲), 풀가루, 말갈기〔馬鬣〕, 숯, 황촉, 등유, 용지, 자작판(自作板), 황양목(黃楊木), 홍주 겹보자기〔紅紬甲袱〕, 초록주 겹보자기〔草綠甲袱〕, 홍주 4폭 보자기〔紅紬四幅袱〕, 가자(架子)

1월 일 호조로 보냄

1. 실입으로 회감하는 일입니다. 《천의소감의궤》를 찬수할 때 들어간 잡물을 실입에 따라 다음과 같이 기록하니, 이대로 회감하는 것이 마땅하겠습니다.

다음

저주지, 백지, 황필, 참먹, 풀가루, 숯

12월 일 의궤 사목(儀軌事目)[15]

1. 《찬수청등록(纂修廳謄錄)》을 이제 성책(成冊)해야 하므로 응당 행할 여러 일을 마련하여 다음과 같이 기록하였습니다. 이대로 거행하는 것이 어떻겠습니까?

다음

1. 《의궤》 1건은 예조에 둔다.

1. 처소는 귀후서(歸厚署)에 배설한다.

1. 당상과 낭청은 그대로 검찰(檢察)하되, 낭청에는 부교리 정상

•••••

15 의궤 사목(儀軌事目) : 《승정원일기》 영조 31년 12월 11일 기사에 이와 관련한 내용이 실려 있다. 유한소(兪漢蕭)가 찬수청의 말로 아뢰기를 "본청의 인역이 지금 이미 완결되었으니, 청호를 파하고 의궤청으로 고쳐 설치해야 합니다. 그러므로 등록을 성책할 때 응행 사목을 규례대로 마련하여 별단으로 들이겠습니다. 감히 아룁니다."라고 하였다.

순(鄭尙淳)과 부사과 원인손(元仁孫)을 차하하여 직임을 살피게 한다.

1. 당상과 낭청은 본사(本司)의 사진(仕進)과 상직(上直)을 면제해 주고, 모든 공회(公會)에 참석하지 않으며, 제관으로 차정되지 않는다.
1. 사용하던 인신(印信) 1과(顆)는 그대로 사용한다.
1. 《등록》 담당 서리 3인, 서사 1인, 고지기 1명, 사령 2명은 병조와 호조에서 요포(料布)를 지급하여 사역(使役)하게 하고, 수직군 2명은 해당 조에서 정해 보내도록 한다.
1. 각 관사에 분부할 때에는 분패(粉牌)를 사용한다.
1. 《등록》의 초책을 내어 정서(正書)할 때의 종이와 필묵 및 사용하는 잡물은 해당 조에서 적절히 헤아려 진배(進排)하게 한다.
1. 미진한 조건은 추후에 마련한다.

내관질
來關秩

을해년(1755, 영조31) 6월 일

1. 선혜청의 관문에,

"방금 도착한 감결(甘結) 내에, 본청의 고자(庫子 고지기) 1명을 시급히 올려보내라는 일로 감결을 보낸다고 하였습니다. 본청의 고지기는 본래 수가 적은 데다 이처럼 봉상(捧上)하는 일로 한창 바쁜 때에는 사역(事役)이 극히 어려운 상황이라 변통할 길이 없어 정해 보낼 수가 없습니다. 일의 형편을 각별히 헤아려 주시어 더 이상 문서를 왕복하지 말기 바랍니다."

하였는데, 제사(題辭)에,

"지금 양 도감[1]에 분차(分差)한 인원이 매우 많아서 실로 다른 관사에서 인원을 변통하여 데려올 방도가 없으니, 허락할 수 없습니다."

하였다.

6월 일

1. 선혜청의 관문에,

"이번에 도착한 관문 내에 대략 '양 도감에 분차한 인원이 매우 많아서 실로 다른 관사에서 인원을 변통하여 데려올 방도가 없으니 허락할 수 없다고 관문을 보냅니다.'라고 하였습니다. 본청

1 양 도감 : 인빈(仁嬪) 김씨(金氏)의 시호를 올리고 봉원하기 위해 설치한 상시도감(上諡都監)과 봉원도감(封園都監)을 지칭하는 것으로 보인다. 당시 합설하여 상시봉원도감이라 칭하고 도제조 이하 낭청은 겸임하였다.

의 고지기는 내외 각 창(倉)의 수직을 제하고 나면 원래의 수가 부족할 뿐 아니라 봉원도감(封園都監) 분차 및 본청의 두 곳 고사(庫舍)와 영건소(營建所) 간역(看役) 고지기 외에 이처럼 각 청의 봉상(捧上)이 한창일 때에는 실로 변통하여 정해 보낼 형편이 안 되기에, 이처럼 다시 공문을 보내니, 이러한 사정을 헤아려 주시어 여유가 있는 다른 관사 중에서 옮겨 차임하여 사역하게 하고 본청의 고지기는 돌려보내 주십시오."

하였는데, 제사에,

"도감이 병설된 때에 실로 바꾸어 정할 방도가 없지만, 재차 공문을 보내 논하니, 본청의 고지기는 관문 내용대로 돌려보내겠습니다."

하였다.

6월 일

1. 호조의 첩정(牒呈)에,

"이번에 도착한 관문 내에 대략 '본청의 녹사 2인, 서리 20인, 서사 2인, 고지기 3명, 사령 15명에 대해 이달 1일 회동할 때부터 한 달 동안 요미와 점심미를 지급하도록 관문을 보냅니다.'라고 하였습니다. 녹사 2인 및 요포가 없는 서리 7인의 요미는 규례를 살펴 마련하고, 기타 서리, 서사, 고지기는 이미 원래의 요포가 있으니 마련하지 않으며, 사령은 전에도 원래 요미를 지급한 일이 없으니 그대로 시행할 수 없습니다."

하였는데, 제사에,

"도착한 첩정을 수령하였습니다."

하였다.

6월 일

1. 교서관의 첩정에,

"청(廳)의 감결 내에, 글씨 잘 쓰는 서리를 정해 보내라고 하였는데, 본관은 서적을 담당하는 아문으로 이번에 동궁이 이어 강독하는 주자본(朱子本) 사서삼경(四書三經), 오자(五子)의 《근사록(近思錄)》[2] 및 《진상홍무정운(進上洪武正韻)》 등의 책을 인출하는 일이 매우 시급하여 원역(員役) 등이 날마다 부역(赴役)하느라 잠시도 쉴 틈이 없습니다. 이뿐만 아니라 전에 여러 도감을 병설했을 때에도 원래 글씨 잘 쓰는 서리와 옮겨 차임된 서리를 정해 보낸 전례가 없었습니다. 이러한 연유로 첩보하는 것이니, 전례대로 특별히 감제(減除)해 주기 바랍니다."

하였는데, 제사에,

"이미 전례가 없으니, 앞으로도 인역(印役)할 때 본관의 원역은

•••••

2 오자(五子)의 근사록(近思錄) : 오자(五子)는 도학(道學)의 정종으로 일컬어지는 송(宋)나라의 다섯 유자(儒者)인 주돈이(周敦頤), 정호(程顥), 정이(程頤), 장재(張載), 주희(朱熹)를 이른다. 주희가 5인의 어록(語錄)을 선집하여 편찬하고 자신의 학설을 첨가하여 만들었으므로 '오자의 《근사록》'이라 한 것이다. 《근사록》의 내용은 송대(宋代)의 도학(道學)에 관한 학설이다.

본관의 일을 전담해야 합니다. 글씨 잘 쓰는 서리를 차임하는 건은 우선 탈하(頉下)하겠습니다."

하였다.

6월 일

1. 형조의 첩정에,

"본 도감의 사령 정월금(正月金)이 마을에서 난동을 부리고 사람을 구타한 죄를 지어 잡아 와서 추열(推閱 심문)할 때에 관(官) 앞에서 갖가지로 공손하지 않았으므로 사연(辭緣)을 추핵(推覈)하여 처치하기 위해 진래(進來)[3]합니다."

하였는데, 제사에,

"도착한 첩정을 수령하였습니다."

하였다.

6월 일

1. 병조의 첩정에,

"본청의 녹사, 서리, 서사, 고지기, 사령 등의 삭포(朔布)를 한 달 동안 지급하라고 관문을 보낸다고 하였습니다. 당초 원역들은 이미 요포가 있는 아문에서 데려와 사역하도록 하는 절목을

• • • • •

3 진래(進來) : 《숙종실록》 45년 1월 29일 기사의 소주(小註)에 "각 관사에서 상사(上司)의 소속을 다스리려면 반드시 그 상사에 신보(申報)해야 하는데, 이를 진래라고 한다."라고 하였다.

계하받았으니 요포 한 조항은 거론할 일이 아닙니다. 그리고 요포가 없는 원역은 비록 등록에 기재되었더라도 각 소속 관사의 인원이니 본 아문에서 지급한다면 오히려 타당하겠으나, 본조에서 같은 예로 지급하라는 것은 부당한 처사이므로 이에 논보(論報)하는 것입니다. 상고하여 시행해 주시기 바랍니다."

하였는데, 제사에,

"요포가 없는 원역은 대부분 형조와 한성부에서 나누어 차임하였으니, 어찌 본 아문에서 지급할 요포가 있겠습니까. 요포가 없는 서리 7인의 요포는 이미 지급하였으니 번거로이 첩보할 것이 없고, 호조의 예에 의거하여 즉시 제급하는 것이 마땅하겠습니다."

하였다.

7월 일

1. 군기시의 첩정에,

"본청이 보낸 감결에 의하여 고지기 1명을 정해 보냈습니다만, 본시는 진배(進排)를 담당하는 아문으로 이처럼 각 도감의 진배가 몹시 바쁜 때에는 소수의 고지기로 거행할 길이 없습니다. 이뿐만 아니라 모든 도감에 옮겨 차임하는 일은 바로 각 관사가 돌아가며 맡고, 각 관사 또한 고지기의 수가 많은 곳이 있으니, 소수의 고지기를 두고 있는 본시 같은 곳은 의당 참작할 길이 있겠기에 이처럼 첩보하는 것입니다. 정해 보낸 본시 고지기는 즉시 탈하해 주시어 진배를 담당하는 관사가 곤경을 면하도록 해 주시기 바랍니다."

하였는데, 제사에,

"첩보한 바가 이와 같으니, 본시의 고지기는 돌려보내겠습니다."

하였다.

7월 일

1. 병조의 첩정에,

"이번에 도착한 관문[4] 내에 대략 '형조와 한성부에서 나누어 차임하였으니 어찌 본 아문에서 지급할 요포가 있겠습니까. 요포가 없는 서리 7인과 녹사 2인의 삭포를 지급하라고 관문을 보냅니다.'라고 하였습니다. 무릇 도감의 원역을 요포가 있는 아문에서 데려와 사역하는 것은 그 의도가 있습니다. 지금 봉원도감(封園都監)으로 말하자면 모두 본래 요포가 있는 자를 사역하고 있으니, 본청만 요포가 없는 자를 사역하는 것은 자못 도감을 설치하여 임시로 차임하는 본의가 아닐뿐더러, 형조와 한성부에서 옮겨 차임된 원역에 대해 병조에서 요포를 지급하는 것은 원래 시행할 수 없는 일입니다. 이처럼 경비를 절감해야 하는 때에 전례 밖의 비용을 더 쓰는 길을 열기는 어렵습니다. 상고하여 시행하기 바랍니다."

4 이번에 도착한 관문 : 6월에 병조가 올린 첩정에 대해 찬수청이 보낸 관문이다.

하였는데, 제사에,

"도감 원역을 등록에 기재된 대로 데려와서 사역하는 것은 본래 각 도감이 응당 행하는 예입니다. 본조가 비록 봉원도감의 일로 말하였지만, 도감은 옮겨 둔 미(米)와 포(布)를 실입(實入)에 따라 지급하는 곳이니 관문을 왕복하는 일 없이 도감에서 지급하면 됩니다. 그런데 본 도감은 이미 이러한 일이 없으니, 호조와 병조에서 인원수에 따라 지급하는 것 이외에는 달리 도리가 없습니다. 그리고 호조와 병조의 요포는 본래부터 한 항목의 일이니, 본조만 이처럼 버티는 것은 실로 나랏일을 함께 하는 뜻이 아니며, 분주히 사역하고 있는 많은 사람이 끝내 요포를 받지 못한다는 것은 결코 이런 이치가 없습니다. 더 이상 관문을 왕복하지 말고 호조의 예에 따라 지금 속히 지급하는 것이 마땅하겠습니다."

하였다.

7월 일

1. 병조의 첩정에,

"본청의 감결 내에, 각 관사에서 옮겨 차임된 서리 가운데 요포가 없는 서리는 견감하였으니 폐조(弊曹 병조)의 서리 5인을 더 정해 보내라고 하였습니다. 지금 각 도감의 옮겨 차임하는 역사(役事) 및 글씨 잘 써야 하는 역사에 본조 서리를 다수 나누어 차임하였을뿐더러, 본 도감으로 말하자면 지금 본조에서 옮겨 차임되어 현재 남아 있는 4인과 글씨 잘 쓰는 자가 1인이니, 그 분정한 수효가 다른 각 관사에 비해 많습니다. 그리고 요포가 없어 견감한 인원 중에는 요포가 없는 각 관사의 인원 또한 그 중에 많이 들어 있으니, 단지 본조에만 5인을 모두 배정하는 것은 균등하게 배정하는 뜻이 없습니다. 더구나 앞으로 내외 거둥 및 칙사(勅使)를 영송(迎送)하는 거둥 때에 본조가 전담하여 거행해야 하는데 오히려 인원이 부족해서 구차해지지 않을까 걱정입니다. 사세가 이러하므로 정해 보낼 수 없는 것입니다. 요포가 있는 다른 관사의 아문에 균일하게 배정한다면 나랏일을 함께 한다는 뜻에도 합당할 듯하니, 상고하여 시행해 주기 바랍니다."

하였는데, 제사에,

"처음에 전임 서리에게 요포를 지급하지 못하겠다고 탈보(頉報)[5]하고 지금 또 본조 서리를 더 보낼 수 없다고 탈보하니, 나랏일을 함께 하는 뜻에서 참으로 몹시 개탄스럽습니다. 전에 정한 5인 가운데 2인은 다른 관사에 옮겨 배정하였으니, 본조의 서리 3인을 즉시 정해 보내야 마땅하겠습니다."

하였다.

5 탈보(頉報) : 상사(上司)나 다른 관사의 요청에 대해 특별한 이유 즉 탈이 있다는 사유를 들어 보고하는 글이다. 거절하거나 책임을 면하려는 내용의 답서이다.

8월 일

1. 교서관의 첩정에,

"본관이 지난번 찬수청의 관문으로 인하여 책판(冊板) 쇠우리〔鐵于里〕[6]와 동인찰(銅印札)[7] 등을 만들 물력을 청하는 보장(報狀)을 호조에 올렸는데, 호조의 감결 내에, 우선 찬수청의 감결을 받은 뒤에 거행해도 늦지 않을 것이라고 하였습니다. 그리고 보장 지미(紙尾)[8]에 품사(稟辭)하니, 또 이르기를, 별도로 산원(算員)을 정하여 본관에 있는 책판 위리(圍里) 및 판별방(版別房)에 있는 것 가운데 혹 전에 배설한 것이 있다면 일일이 간심하고 계산하도록 하여 거행할 것이라고 하였습니다. 설령 본관 및 판별방에 전에 배설한 것이 약간 있더라도 견본에 합치하지 않는다면 실로 억지로 보충하여 가져다 쓰기 어려우니, 형편상 새로 만들어 대령해야 합니다. 그런데도 호조에서 아직 이처럼 즉시 시행하지 않아 참으로 지연하게 되었으므로 부득이 연유를 첩보합니다."

하였는데, 제사에,

•••••

6 쇠우리〔鐵于里〕: 책판의 테두리에 대는 좁다란 쇠틀이다. 나무로 만든 틀은 목우리라고 한다. 우리는 위리(圍里)라고도 한다.

7 동인찰(銅印札): 구리 인찰이다. 인찰은 세로로 행간을 만들어 활자를 넣을 수 있도록 한 일종의 정간(井間)이다.

8 지미(紙尾): 공문서의 결미(結尾) 부분 또는 장계, 공문서, 시권(試券) 등의 결미에 판하(判下)나 처결 사항을 적는 행위이다. 장계의 지미가 협착하면 찰추(察推)한다고 하였다. 《銀臺條例 工攷 狀啓》

"호조에 감결을 보낼 것입니다."

하였다.

9월 일

1. 사도시의 첩정에,

"본시가 이번 식년 문과 초시의 응판관(應辦官)[9]에 차정되었다고 하는데, 원역(員役)의 수가 본래 적어서 각 차비(差備)에 나누어 배정할 길이 없으니 사달이 날 것이 분명하기에 실정을 들어 공문을 보내 논하는 것입니다. 옮겨 차임한 서원과 글씨 잘 쓰는 서원을 특별히 감하하여 보냄으로써 막중한 국시(國試)를 폐단 없이 함께 치를 수 있도록 해 주기 바랍니다."

하였는데, 제사에,

"출방(出榜) 이전까지로 기한을 정하고 감하하여 보낼 것입니다."

하였다.

9월 일

1. 장흥고의 첩정에,

"본고의 서원은 6인뿐인데, 이번 동당시(東堂試) 응판관의 일을 담당하여 거행하게 되었으므로 서원과 고지기를 나누어 배정하

•••••

9 응판관(應辦官) : 과거 등 시험장에서 진행되는 여러 가지 일을 응접하여 처리하는 관원이다. 예조에서 관사를 정하여 윤번으로 담당하게 하는데, 관사에서 배정 인원을 차임하여 파견한다.

기가 어려워서 이와 같이 첩보합니다. 글씨 잘 쓰는 서원 및 고지기를 파장(罷場)할 때까지 탈하(頉下)해 주기 바랍니다."

하였는데, 제사에,

"서원은 출방할 때까지 우선 감하하여 돌려보내되 고지기는 허락할 수 없습니다."

하였다.

감결질

甘結秩

을해년(1755, 영조31) 5월 일 비국(備局)에서 보낸 감결을 봉납하여 각 관사에 보낸 것이다.

1. 다음과 같이 감결합니다. 찬집청도감에서 내일부터 관상감에 청을 설치하기로 하였습니다. 전에 도감에 옮겨 차임되었던 사지서리(事知書吏) 및 사령은 호조·예조·병조·형조·공조에서 각 2인을 우선 옮겨 정해 보내되, 모든 거행 등의 일을 도감의 전례를 상고하여 신속히 거행하며, 상위(相位)[1]·당상·낭청이 사용할 포진(鋪陳) 및 지지(紙地), 필묵(筆墨)은 진배하는 각 아문에 명하여 규례대로 대령하게 하고, 각 아문에서 옮겨 차임된 서리는 즉각 본사에 나와 대령하여 분부를 듣고 거행하되, 일이 만분 시급하니 각별히 유념하여 거행하십시오. 만에 하나 지체한다면 처벌을 감수해야 합니다. 호조, 예조, 병조, 형조, 공조, 장흥고, 관상감

6월 1일

1. 다음과 같이 감결합니다. 이번 찬수청의 도제조는 영중추부사 김재로(金在魯)와 영돈녕부사 이천보(李天輔)와 우의정 조재호(趙載浩)로, 당상은 서종급(徐宗伋)·조영국(趙榮國)·이성중(李成中)·조명리(趙明履)·정휘량(鄭翬良)·남유용(南有容)으로, 낭청은 이양천(李亮天)·홍명한(洪名漢)·서명응(徐命膺)·황인검(黃仁儉)·이최중(李最中)·이길보(李吉輔)·송문재(宋文載)·홍경해(洪

1 상위(相位) : 정승인 도제조 3인을 지칭한다.

景海)·남태저(南泰著)·원인손(元仁孫)·홍인한(洪麟漢)으로 계하받았습니다. 각 해당 관사의 장리(掌吏)는 관상감이 회동(會同)하여 좌기(坐起)하는 곳에 대령하여 거안(擧案)[2]을 작성해서 올리며 청좌(請坐)[3]하는 등의 일을 신속히 거행하십시오. 만에 하나 지체한다면 처벌을 감수해야 합니다. 의정부, 돈녕부, 중추부, 형조, 공조, 사헌부, 장악원, 당상군직청, 당하군직청

6월 1일

1. 다음과 같이 감결합니다. 이번 찬수청의 회동 때에 도제조, 당상, 낭청이 좌기하는 대청(大廳)의 포진(鋪陳) 및 죽삭(竹索)[4]을 갖춘 차일(遮日)을 신속히 진배하며, 진부진(進不進 참석 여부)을 기록할 분판(粉板) 2부(部)와 분패(粉牌) 2개도 즉시 관상감에 진배하십시오. 만에 하나 지체한다면 처벌을 감수해야 합니다. 호조, 선공감, 전설사, 장흥고, 제용감

6월 1일

1. 다음과 같이 감결합니다. 이번 찬수청이 회동할 때에 사용할

•••••

2 거안(擧案) : 공회(公會)에 참여한 벼슬아치가 임금이나 상관(上官)에게 명함을 올리는 일, 또는 그 올리는 명함을 말한다.

3 청좌(請坐) : 회동(會同)할 때 이속이나 관원을 보내서 상위 관원의 좌기(坐起), 즉 출석을 청하는 일이다.

4 죽삭(竹索) : 대오리로 꼬아 만든 줄이다.

계목지(啓目紙) 5장(張), 계초(啓草)감 후백지(厚白紙) 1권과 서리 12인이 문서를 작성할 때 사용할 백지(白紙) 2권, 백휴지(白休紙) 2근(斤), 황필(黃筆) 12자루〔柄〕, 참먹〔眞墨〕 5정(丁), 벼루〔硯石〕 5면(面), 벼룻집〔硯匣〕 5부(部), 연적(硯滴) 2개, 서판(書板)·전판(剪板) 각 2개와 당상과 낭청이 사용할 인신(印信) 각 1과(顆), 인주(印朱) 1냥(兩), 주통(朱筒) 2개, 넉자〔芿子〕[5] 2개, 말갈기〔馬鬣〕 5냥과 문서를 담을 버들고리〔柳箕〕·버들상자〔柳笥〕 각 1부 및 다모간(茶母間)에서 사용할 질동이〔陶東海〕·소래기〔所羅〕·방구리〔方文里〕 각 2좌, 당주발〔唐磁碗〕 1개, 당사발(唐沙鉢)·대접(大貼)·탕기(湯器)·보시기〔甫兒〕 각 2개, 목표자(木瓢子)·과표자(果瓢子)[6] 각 1개, 백저포 휘건(白苧布揮巾) 2건 등의 물품을 신속히 진배하며, 좌우 복병군(左右伏兵軍) 2명을 규례대로 정해 보내십시오. 만에 하나 지체한다면 처벌을 감수해야 합니다. 호조, 공조, 장흥고, 선공감, 풍저창, 사도시, 사기계(砂器契), 예조, 제용감, 좌포청, 우포청

6월 일

1. 다음과 같이 감결합니다. 본청에 옮겨 차임된 서리 12인, 서사

•••••

5 넉자〔芿子〕: 도장이 잘 찍히도록 밑에 받치는 물건이다.

6 목표자(木瓢子)·과표자(果瓢子) : 목표자는 나무를 파서 만든 바가지이며, 과표자는 박으로 만든 바가지인 듯하다.

2인, 고지기 2인, 사령 15명을 다음에 기록한 대로 정해 보내며, 정원 대령 서리 1인, 군사 1명, 수직군 5명, 다모 1명을 정해 보내십시오. 만에 하나 지체한다면 처벌을 감수해야 합니다. 호조는 서리 4인, 고지기 1명, 사령 3명이고, 병조는 서리 4인, 고지기 1명, 사령 3명이고, 형조는 서리 2인이고, 한성부는 서리 1인이고, 장례원은 서리 1인이고, 선혜청은 사령 2명이고, 사복시는 사령 1명이고, 장흥고는 사령 1명이고, 제용감은 사령 1명이고, 사도시는 사령 1명이고, 군자감은 사령 1명이고, 광흥창은 사령 1명이고, 위장소는 사령 1명이다.

6월 일

1. 다음과 같이 감결합니다. 본청을 형조와 공조에 옮겨 설치하도록 절목을 계하받았으니, 즉시 옮겨 가십시오. 만에 하나 지체한다면 처벌을 감수해야 합니다. 형조, 공조

6월 일

1. 다음과 같이 감결합니다. 본청의 처소를 형조와 공조에 정하였습니다. 수소군(修掃軍) 및 좌경(坐更) 2패(牌)[7]를 오늘부터 정해 보내며, 도제조·당상·낭청이 좌기할 처소의 포진(鋪陳), 차일(遮

•••••

7 좌경(坐更) 2패(牌) : 좌경은 야경(夜警)을 하기 위한 작은 부대로, 궁중 보루각에서 밤에 시간별로 징과 북을 쳐서 경(更)과 점(點)을 알리던 일을 하였다. 패는 임시로 편성한 부대 단위이다.

日), 차양(遮陽), 위배(圍排)[8]와 다모간(茶母間) 및 측간 세 곳과 사령이 거처할 가가(假家)에 들어갈 물품 등을 규례대로 진배하고 만들어야 하며, 종이봉투〔紙袋〕감 각 장당 유지(油紙) 2장과 문서에 찍을 관자(關字)[9] 1부(部)를 진배하십시오. 만에 하나 지체한다면 처벌을 감수해야 합니다. 장흥고, 선공감, 전설사, 교서관, 한성부, 서부

6월 일

1. 다음과 같이 감결합니다. 이번 찬수할 때에 당상과 낭청이 사용할 벼룻집〔硯匣〕, 황필 21자루〔柄〕, 참먹〔眞墨〕 21정(丁), 초책(草冊)감 후백지(厚白紙) 20권과 백지(白紙) 10권, 서안(書案)·서판(書板) 각 10개, 분판(粉板) 6개와 전배(前排)[10]로 자물쇠〔鎖鑰〕를 갖춘 궤〔樻子〕 6부(部), 사기타구〔沙唾口〕[11] 21개, 뒷발막〔後分土〕[12] 2부, 우산(雨傘) 5자루, 질화로〔土火爐〕 5개, 나무 광명대〔木光明

• • • • •

8 위배(圍排) : 바자나 이엉으로 빙 둘러쳐서, 작업을 하거나 물건을 간수하는 등의 용도로 사용한다.

9 관자(關字) : 관자인(關字印) 즉 '관(關)' 자를 새긴 도장이다. 관문(關文)을 보낼 때 쓴다.

10 전배(前排) : 전에 배설했던 물건이라는 뜻으로, 쓰고 돌려주는 품목이 이에 해당한다.

11 사기타구〔沙唾口〕 : 사기로 만든 타구이다. 타구는 침을 뱉는 그릇이다.

12 뒷발막〔後分土〕 : 뒤가 발막처럼 된 남자용 신발이다. 발막은 뒤축과 코에 꿰맨 솔기가 없으며 코끝이 뾰족하지 않고 넓적한 가죽신의 일종으로 마른땅에서 신는다. '북분토(北分土)'라고도 표기한다.

臺〕[13] 5개, 미추(尾箒)[14] 5자루, 갑(匣)이 있는 벼루〔硯石〕 10부, 옷걸이〔衣巨里〕 2좌(坐) 등 물품을 신속히 진배하십시오. 만에 하나 지체한다면 처벌을 감수해야 합니다. 호조, 공조, 장흥고, 선공감, 사기계, 와서(瓦署)

6월 일

1. 다음과 같이 감결합니다. 본 도감은 사역이 많고 번잡하여 원역들이 매양 밤늦도록 일한다고 하니, 본청에서 지급한 물금첩(勿禁帖)[15]을 상고하여 규례에 따라 단속하지 말며, 각종 문서를 쌀 동당 낙복지(東堂落幅紙)[16] 2도(度)를 진배하십시오. 만에 하나 지체한다면 처벌을 감수해야 합니다. 호조, 훈련도감, 어영청, 금위영, 좌포청, 우포청, 좌순청(左巡廳), 우순청

6월 일

1. 다음과 같이 감결합니다. 본청의 당상방과 낭청방에 매일 땔나

13 나무 광명대〔木光明臺〕 : 나무로 만든 등잔걸이이다. 광명대는 광명두라고도 하고, 등가(燈架)·등경(燈檠)·등방(燈榜) 등의 이칭이 있다.

14 미추(尾箒) : 개꼬리로 만든 비이다.

15 물금첩(勿禁帖) : 국가에서 금한 일을 특별히 하도록 허가해 주는 증표이다. 야간 통행증, 출입허가증 따위이다.

16 동당 낙복지(東堂落幅紙) : 대과의 시험에 낙방한 사람들의 답안지 종이이다. 동당은 대궐 안의 편전 동쪽에 있는 전당으로, 임금이 직접 과거 시험을 보이는 장소였던 데서 각종 문과를 '동당 초시', '동당 복시' 등으로 일컬었다.

무〔燒木〕 3단(丹), 서리방에 매일 반 단, 향유산(香薷散)을 달이는 데 사용할 땔나무 매일 반 단씩, 교말목(膠末木)[17] 매일 2단, 다모간에서 쓸 땔나무 매일 반 단, 당상방과 낭청방에 합하여 노탄(爐炭) 매일 5되(升), 대용지(大龍脂)[18] 매일 3자루, 서리 상직방에 등유(燈油) 매일 3홉, 풀가루 매일 7홉을 역사를 마칠 때까지 진배하십시오. 만에 하나 지체한다면 처벌을 감수해야 합니다. 호조, 의영고, 사재감, 예빈시, 선공감

6월 일

1. 다음과 같이 감결합니다. 본청에서 일기를 고출(考出 초록(抄錄))할 때에 간지(干支)를 상고하기 위해 필요한 《백중력(百中曆)》[19] 1건을 속히 진배하십시오. 만에 하나 지체한다면 처벌을 감수해야 합니다. 관상감

• • • • •

17 교말목(膠末木) : 풀가루로 풀을 쑤는 데 필요한 땔나무이다. 보통 싸리나무를 쓴다.

18 대용지(大龍脂) : 솜이나 헝겊을 나무에 감아 기름을 묻혀서 초 대신 불을 켜는 물건이다.

19 백중력(百中曆) : 간행한 연도를 기준으로 이전 100년간의 일월성신(日月星辰)과 절후(節候)의 변동을 추산한 책력이다. 조선 중기 이후 보통 10년마다 관상감에서 간행하였는데, 여기서는 현존하는 《백중력》 가운데 1653년(효종4)부터 1752년(영조28)까지의 책력이 기록된 책으로 보인다.(국립중앙도서관 소장, 한古朝66-14) 《승정원일기》 영조 29년 3월 28일 기사에, 춘당대 시사를 마친 뒤 입시한 자리에서 《백중력》을 통해 간지를 확인하는 내용이 나온다.

6월 일

1. 다음과 같이 감결합니다. 이번 찬수할 때 상고할 일이 있으니, 새로 간행한 《어제대훈(御製大訓)》[20] 1책 및 《감란록(戡亂錄)》[21] 전질(全秩)을 도감에 대령하십시오. 만에 하나 지체한다면 처벌을 감수해야 합니다. 교서관

6월 일

1. 다음과 같이 감결합니다. 시급히 정해 보낼 일로, 본청에 사령 2명을 옮겨 차임하도록 감결을 보냈는데, 1명만 정해 보냈으니, 일이 매우 놀랍습니다. 지금 사역이 지극히 번다하여 원역을 배정하기가 매우 곤란하므로 이와 같이 다시 감결을 보내니, 이전의 감결대로 속히 정해 보내십시오. 만에 하나 지체한다면 처벌을 감수해야 합니다. 선혜청

• • • • •

20 어제대훈(御製大訓) : 신유대훈(辛酉大訓)이라고도 한다. 1741년(영조17) 9월에 완성되어 10월에 반포하였다. 임인년(1722, 경종2) 옥사의 옥안을 소각하도록 하고, 왕세제 건저(建儲)는 역모가 아니라 대비와 경종의 하교에 의한 정당한 조처였음을 밝힌 내용 등이 담겨 있다.《국역 영조실록 17년 9월 27일, 10월 23일》 1755년에 목판본 1책으로 간행되었다.《서울대학교 규장각 해제》

21 감란록(戡亂錄) : 1728년에 있었던 이인좌(李麟佐)·정희량(鄭希亮)의 변란, 일명 무신란(戊申亂)에 대한 전후시말을 각종 자료에서 뽑아 편집한 책이다. 난이 평정된 뒤 1728년 7월에 송인명(宋寅明), 박사수(朴師洙)에게 찬수를 명하였고 1729년 7월에 완성되었다.《국역 영조실록 4년 7월 22일, 5년 7월 19일》 1729년 6권 3책의 목판본으로 간행되었다.《서울대학교 규장각 해제》

6월 일

1. 다음과 같이 감결합니다. 이번 찬수할 때 《정원일기》를 내와서 보관해 둔다고 하는데, 사체가 중하므로 별도로 수직해야 하니, 순경(巡更)을 위해 좌경(坐更) 1패(牌)를 더 정해서 보내십시오. 만에 하나 지체한다면 처벌을 감수해야 합니다. 한성부, 서부

6월 일

1. 다음과 같이 감결합니다. 이번 찬수할 때 《정원일기》를 수송해 오기 위해 필요한 멜줄(擔乼 질빵)을 갖춘 가자(架子)[22] 5부와 덮개용으로 전배(前排)인 홍색 무명 보자기〔紅木袱〕 5건, 짐꾼〔擔軍〕 15명을 내일 파루(罷漏)[23]의 종이 울리면 진배하십시오. 만에 하나 지체한다면 처벌을 감수해야 합니다. 호조, 병조, 선공감, 제용감, 위장소(衛將所)

6월 일

1. 다음과 같이 감결합니다. 당상과 낭청이 좌기할 때 사용할 빙정(氷丁 얼음), 말똥〔馬通〕 및 향유산(香薷散)을 날마다 진배하며, 책자의 인찰(印札)을 그릴 화원(畫員) 1인과 책장(冊匠) 1명을 대령

•••••

22 가자(架子) : 음식 등을 나르는 데 쓰는 들것으로, 두 사람이 가마를 메듯이 하여 나른다. 갸자라고도 한다.

23 파루(罷漏) : 도성의 통행 금지를 해제하기 위하여 종각의 종을 33번 치던 일로 매일 5경 3점에 쳤다. 새벽 4시 30분 또는 새벽 4시경에 해당한다.

하십시오. 만에 하나 지체한다면 처벌을 감수해야 합니다. 사복시, 전의감, 혜민서, 빙고, 교서관, 도화서

6월 일

1. 다음과 같이 감결합니다. 당상과 낭청이 있을 대청(大廳) 후면의 차양(遮陽)감으로 진대둔(眞大芚)[24] 5부(浮)와 보계(補階)[25]감으로 망(網)을 갖춘 빈 섬〔空石〕 5닢(立)을 진배하며, 당상과 낭청이 좌기할 곳에 대령할 요강(腰江) 2부(部), 대야(大也) 2부, 새옹〔沙用〕[26] 1부 등을 용환차(用還次)[27]로 진배하십시오. 만에 하나 지체한다면 처벌을 감수해야 합니다. 공조, 광흥창, 군자감

6월 일

1. 다음과 같이 감결합니다. 본 도감의 서역(書役)을 오늘부터 시작하여 사역할 것이니, 글씨 잘 쓰는 서리를 다음에 기록한 대로 정해 보내십시오. 단, 당상께서 분부한 내용에 "이번 서역은 여느

•••••

24 진대둔(眞大芚) : 초둔(草芚)의 일종으로 보인다. 초둔은 짚, 띠, 부들 따위로 거적처럼 엮어 만든다.

25 보계(補階) : 잔치나 큰 행사가 있을 때 사람이 많이 앉을 수 있도록 대청마루 앞에 잇대어서 임시로 만든 마루를 말한다.

26 새옹〔沙用〕 : 작은 솥이다. 놋쇠로 만드는데 이를 놋새옹〔鍮沙用〕이라고 한다.

27 용환차(用還次) : 물품을 다시 돌려주는 조건으로 가져와 쓰는 것이다. 환하차(還下次)라고도 하는데, 실제 들어가는 용도라는 뜻의 '실입차(實入次)'와 상대적으로 쓰인다.

역사와 다르므로 만약 잘 쓰는 자를 정해 보내지 않고 구차하게 충원하여 보냈다가 앞으로 추졸(醜拙)한 일이 탄로 나면 해당 장색(掌色) 서리를 각별히 엄하게 다스려 수금하고 절대 용서하지 않겠다."라고 하셨으니, 이를 알고 깊이 유념하여 거행하십시오. 만에 하나 지체한다면 처벌을 감수해야 합니다. 호조, 병조, 형조, 한성부, 제용감, 장흥고, 전생서, 선공감, 사재감, 평시서, 사복시, 사도시, 사자시, 의영고, 사축서, 군기시

6월 일

1. 다음과 같이 감결합니다. 본청을 예조와 중추부에 옮겨 설치하도록 절목을 계하받았습니다. 원문 2자 빠짐 도세조·당상·낭청이 앉을 대청의 포진(鋪陳)·지배(地排)·행보석(行步席)·안식(案息) 및 차일(遮日), 차양(遮陽), 장원(墻垣), 위배(圍排)와 다모간, 측간, 사령이 기거할 가가(假家)에 사용할 물품 등을 규례대로 진배하고 만들어 내며, 《정원일기》를 보관해 둘 창고의 첩박이〔貼朴只〕[28]감 조리목(條里木)과 4치짜리 못〔丁〕을 넉넉히 대령하며, 배목(排目)을 갖춘 걸쇄(乬鎖) 5개, 섬돌〔階砌〕 용도의 빈 섬〔空石〕 10닢, 일기 및 각종 문서를 등사해 낸 초책(草冊)을 담는 용도의, 자물쇠를 갖춘 긴 궤〔長樻子〕 3부를 용환차로 진배하십시오. 만에 하나 지

28 첩박이〔貼朴只〕: 접박이〔接朴只〕라고도 한다. '첩(貼)'은 '붙이다'의 차자(借字)로 사용되고 '박(朴)'은 통상 '박는다'의 차자로 사용되는 글자이므로 정비하거나 혹은 덧대어 붙인다는 의미의 우리말 표기인 듯하나 분명하지 않다.

체한다면 처벌을 감수해야 합니다. 호조, 장흥고, 제용감, 선공감, 전설사, 군자감, 광흥창, 사복시, 사도시

6월 일

1. 다음과 같이 감결합니다. 본 도감의 군직 당상과 낭청이 좌기할 초방석(草方席)에 들어갈, 안감〔內拱〕인 인석(茵席)[29]을 갖춘 백문석(白文席)[30] 5장, 가선〔縇〕감 청홍목(靑紅木) 도합 39자〔尺〕, 가는 끈〔細繩〕을 실입(實入)에 따라 진배하며, 인장(茵匠) 1명 또한 정해 보내십시오. 만에 하나 지체한다면 처벌을 감수해야 합니다. 호조, 장흥고

6월 일

1. 다음과 같이 감결합니다. 책자에 붙일 첨지(籤紙)감 청황지(靑黃紙) 각 5장을 진배하며, 연일(延日)산 숫돌〔礪石〕 2괴(塊), 작은 접시〔小貼匙〕 5개, 책장(冊匠)이 사용할 재절판(裁折板) 1닢 등의 물품을 진배하십시오. 만에 하나 지체한다면 처벌을 감수해야 합니다. 호조, 장흥고, 군기시, 선공감, 사기계(沙器契)}

• • • • •

29 인석(茵席) : 부들로 만든 사리이나. 방석을 만들 때 백문석 아래에 대는 안감 용도로 사용되었다.

30 백문석(白文席) : 무늬 없이 부들이나 골풀로 짠 돗자리이다.

6월 일

1. 다음과 같이 감결합니다. 본 도감의 당상방과 낭청방에 배목(排目)을 갖춘 걸쇄약(乬鎖鑰) 2개, 책걸이용 긴 등상(登牀)[31] 2좌(坐)와 서리가 작성할 문서에 사용할 백지 2속(束), 백휴지(白休紙) 2근(斤), 황필(黃筆) 10자루[柄], 참먹[眞墨] 5정(丁), 초책(草冊)감 후백지(厚白紙) 10권을 진배하십시오. 만에 하나 지체한다면 처벌을 감수해야 합니다. 호조, 공조, 장흥고, 사섬시, 선공감

6월 일

1. 다음과 같이 감결합니다. 본 도감 낭청 좌기방(坐起房)의 파손된 곳을 수보(修補)하고 개축(改築)하기 위한 이장(泥匠) 2명 및 수보 후 말리기 위한 땔나무[燒木] 5단을 진배하십시오. 만에 하나 지체한다면 처벌을 감수해야 합니다. 사재감, 선공감

6월 일

1. 다음과 같이 감결합니다. 깊이 유념하여 거행하기 바랍니다. 당상께서 분부하신 내용에 "본청의 서역(書役)은 다른 곳과 달라서 글씨 잘 쓰는 서리와 서원을 오늘부터 이미 각자에게 책자를 지급하여 쓰는 법을 가르쳤으니, 내일도 오늘처럼 일을 수행한다면 노

•••••

31 등상(登牀) : '橙牀'으로도 표기한다. 발돋움하는 데 쓰거나 걸상으로 쓰기 위해 간단하게 만든 가구이다.

고하지 않고도 쉽게 성과를 거둘 수 있을 것이므로 이들의 성명을 벽 위에 써서 걸어 놓을 것이다. 단, 이후에 만약 인원을 바꾸는 바람에 서툴러서 일을 그르치는 폐단을 초래한다면 담당 장리(掌吏)를 수금하여 엄히 다스리고 절대 용서하지 않을 것이다."라고 하였으니, 이를 알고 거행하십시오. 만에 하나 지체한다면 처벌을 감수해야 합니다. 호조, 병조, 형조, 한성부, 제용감, 장흥고, 선공감, 의영고, 사도시, 사복시, 평시서, 전생서, 내자시

6월 일

1. 다음과 같이 감결합니다. 본청의 글씨 잘 쓰는 서리가 사용할 황필(黃筆) 15자루, 참먹〔眞墨〕 5정, 벼루〔硯石〕·벼룻집〔硯匣〕 각 5개, 책지(冊紙)감 후백지(厚白紙) 20권, 기름병〔油壺〕 2개, 보시기〔甫兒〕 2개 등을 진배하십시오. 만에 하나 지체한다면 처벌을 감수해야 합니다. 호조, 공조, 장흥고, 사기계

6월 일

1. 다음과 같이 감결합니다. 본청 낭청이 직숙할 때에 등진유(燈眞油 등불용 참기름) 매일 2홉씩, 노탄(爐炭) 1되씩, 용지(龍脂) 2자루씩을 역사가 끝날 때까지 진배하며, 방에 배치할 좌판(座板) 3닢을 용환차(用還次)로 진배하십시오. 만에 하나 지체한다면 처벌을 감수해야 합니다. 호조, 의영고, 선공감

6월 일

1. 다음과 같이 감결합니다. 본청의 글씨 잘 쓰는 서리가 사용할 황필 20자루, 참먹 10정, 백휴지 3근을 진배하며, 차양(遮陽)을 설치할 때 들어갈 둥근 고리〔圓環〕·배목(排目) 각 10개와 가는 노끈〔小索〕을 실입차(實入次)로 넉넉히 대령하십시오. 만에 하나 지체한다면 처벌을 감수해야 합니다. 호조, 공조, 선공감, 사섬시

6월 일

1. 다음과 같이 감결합니다. 본청의 사역이 지극히 번다하니 호조와 병조 사령을 각 1명씩 더 차정하되, 신속히 정해 보내며, 편지감 장지(壯紙) 1권, 문서에 사용할 후백지 1권과 백휴지 2근, 낭청 대청방 장자(欌子 장롱)에 쓸 세겹바〔三甲所〕[32] 1거리(巨里) 등을 진배하며, 향유산(香薷散)을 달일 용도의 큰 밥솥〔大食鼎〕 1좌, 대소라(大所羅) 1좌를 용환차로 진배하십시오. 만에 하나 지체한다면 처벌을 감수해야 합니다. 호조, 공조, 사섬시, 선공감

6월 일

1. 다음과 같이 감결합니다. 본청의 고지기가 탈이 있으니 후임으로 군기시 고지기 1명을 정해 보내며, 분판(粉板)을 세정(洗淨)하기 위한 백포(白布) 수건 2건, 당상·낭청이 있는 대청에서 사용할

32 세겹바〔三甲所〕: 세겹으로 꼬아 만든 밧줄이다. 세겹삭〔三甲索〕이라고도 한다.

미추(尾箒) 5자루를 진배하며, 옷걸이〔衣巨里〕 1건을 용환차로 신속히 진배하십시오. 만에 하나 지체한다면 처벌을 감수해야 합니다. 호조, 선공감, 제용감, 군기시

6월 일

1. 다음과 같이 감결합니다. 본청의 글씨 잘 쓰는 서리가 사용할 무심필(無心筆)[33] 10자루, 당상이 출입할 삼문(三門)의 파손된 곳을 수보하기 위한 송판(松板) 반 닢, 대감잡이〔大甘佐非〕 2개, 5치짜리 못 6개를 진배하며, 《일기》를 수송해서 올 때, 멜줄〔擔乼〕을 갖춘 가자(架子) 2부와 위군(衛軍) 4명도 대령하십시오. 만에 하나 지체한다면 처벌을 감수해야 합니다. 호조, 공조, 선공감, 위장소

6월 일

1. 다음과 같이 감결합니다. 일기의 초책을 내기 위한 후백지 10권, 영자(影字)[34]하기 위한 저주지(楮注紙) 5장을 진배하며, 책자를 담을, 자물쇠를 갖춘 긴 궤〔長樻子〕 1부를 용환차로 진배하며, 대청(大廳) 창호(窓戶)의 돌쩌귀〔乭赤耳〕 2개 및 박배장(朴排匠) 1명을 신속히 대령하십시오. 만에 하나 지체한다면 처벌을 감

• • • • •

33 무심필(無心筆) : 다른 종류의 털로 속을 박지 않은 붓으로, 보통 양모로 제작하며, 족세비 꼬리털 심을 넣지 않는다. 이에 반하여 유심필(有心筆)은 황색 족제비털을 심으로 하고 양모로 그 겉을 감싸 주어 붓의 탄력이 살아 있다.

34 영자(影字) : 글자를 등사(謄寫)한다는 뜻으로 보이나 분명하지 않다.

수해야 합니다. 호조, 장흥고, 선공감

6월 일

1. 다음과 같이 감결합니다. 당상과 낭청이 좌기할 때 사용할 새 우산 3자루, 책장(冊匠)이 사용할 연일(延日)산 숫돌〔礪石〕 1괴(塊) 등을 용환차로 진배하며, 옮겨 차임한 서리 정국희(鄭國禧)가 병이 났으니 후임으로 문필(文筆)이 있고 영리한 사람을 정해 보내십시오. 만에 하나 지체한다면 처벌을 감수해야 합니다. 형조, 선공감, 군기시

6월 일

1. 다음과 같이 감결합니다. 이번 거둥에, 본청의 당상과 낭청이 지영(祗迎)할 때 불을 밝히는 데 사용할 대용지(大龍脂) 10자루, 황촉(黃燭) 3쌍을 신속히 진배하십시오. 만에 하나 지체한다면 처벌을 감수해야 합니다. 호조, 의영고

6월 일

1. 다음과 같이 감결합니다. 본청 당상이 좌기할 때, 날이 저물면 불을 밝히는 데 사용할 황촉 1쌍, 대청에 바람막이를 설치하는 데에 들어갈 초둔(草芚) 3닢, 대죽(大竹) 10개, 달피바〔㺚皮所〕[35] 2거

35 달피바〔㺚皮所〕: 달피나무 껍질을 꼬아 만든 밧줄로 달피삭이라고도 한다.

리(艮衣), 세겹바[三甲所] 3거리 등을 용환차로 진배하십시오. 만에 하나 지체한다면 처벌을 감수해야 합니다. 호조, 의영고, 선공감, 군자감, 광흥창

6월 일

1. 다음과 같이 감결합니다. 책자 인출에 들어갈 반참먹[半眞墨] 3정, 황필(黃筆)을 묶어 만들기 위한 족제비 꼬리털[黃毛] 10조(條)와 붓대용 대나무, 숯·아교 등 물품을 횡간(橫看)[36]에 따라 진배하며, 필공(筆工) 2명 또한 대령하십시오. 만에 하나 지체한다면 처벌을 감수해야 합니다. 호조, 공조, 의영고, 선공감

6월 일

1. 다음과 같이 감결합니다. 본청의 서역(書役)은 어느 곳과 달라서 만분 시급할 뿐 아니므로 전일에 상직(上直), 출역(出役) 등의 일로 일절 본청의 업무를 방해하지 말라는 뜻으로 이미 감결하였습니다. 그런데 이 뜻을 따르지 않고 상직이나 잡역 등의 일로 임의로 출역하였다고 하니, 일이 몹시 놀랍습니다. 담당한 해당 장

36 횡간(橫看) : 경비 식례 횡간(經費式例橫看)의 준말로, 나라의 예산안 가운데 세출(歲出) 항목을 나열해 적은 명세서 또는 공물(貢物)의 품목과 수량을 적은 예산표를 말한다. 세입(歲入) 명세서인 공안(貢案)과 대를 이룬다. 국가 운영에 필요한 경상 비용의 낭비를 줄이기 위해 매년 또는 사안에 따라 고정적으로 지출되는 구체적인 사항과 그에 따른 물목(物目), 수량, 제양(制樣) 등을 표로 규정해 놓았다. 조견표(早見表)라고도 한다.

리를 패(牌)를 내어 엄히 가두어 중하게 다스려야 하되, 지금 우선 처리를 보류하고, 이처럼 다시 감결을 보냅니다. 만에 하나 지체한다면 처벌을 감수해야 합니다. 호조, 병조, 형조, 한성부, 사복시, 사도시, 제용감, 장흥고, 사재감, 평시서, 전생서, 선공감

7월 3일

1. 다음과 같이 감결합니다. 당상 1원이 오늘부터 직숙(直宿)한다고 하니, 매일 황촉(黃燭) 1쌍씩, 용지(龍脂) 3자루씩, 온돌에 불을 지필 땔나무[溫堗燒木] 반 단씩을 역사가 끝날 때까지 진배하며, 책지(冊紙)를 인출하기 위한 인출장(印出匠) 1명을 정해 보내주십시오. 만에 하나 지체한다면 처벌을 감수해야 합니다. 호조, 의영고, 사재감, 교서관

7월 일

1. 다음과 같이 감결합니다. 본청 도제조가 좌기하는 대청 서편에 칠 차양(遮陽)감 진대둔(眞大芚) 5부(浮), 차죽(遮竹) 20개와 《정원일기(政院日記)》를 돌려보내는 데 쓸 짐꾼[擔軍]과 멜줄[擔乼]을 갖춘 가자(架子) 3부, 덮개용 홍색 무명 보자기[紅木袱] 3건 등을 용환차로 진배하십시오. 만에 하나 지체한다면 처벌을 감수해야 합니다. 호조, 군자감, 광흥창, 선공감, 제용감, 위장소

7월 일

1. 다음과 같이 감결합니다. 본청의 사역이 매우 번다할뿐더러, 당상과 낭청은 본사(本司)의 사진(仕進)을 면제하고, 모든 공회(公會)에 참석하지 않으며, 제관으로 차정되지 않도록 이미 절목을 올려 계하받았습니다. 이번 본조의 포폄 때에 본 도감의 군직 낭청 서명천(徐命天)·홍인한(洪麟漢)·원인손(元仁孫)이 참석하지 못하니, 상고해서 거행하십시오. 만에 하나 지체한다면 처벌을 감수해야 합니다. 이조, 병조, 당하군직청

7월 일

1. 다음과 같이 감결합니다. 본청의 책지(冊紙)감 후백지 5권, 문서에 사용할 백휴지 2근, 다모가 사용할 당사발(唐沙鉢) 2개와 종지〔鍾子〕 2개를 진배하며, 당상이 있는 대청에 친 첨장(簷帳)이 장맛비로 모두 파손되었으니 즉각 개비(改備)하십시오. 만에 하나 지체한다면 처벌을 감수해야 합니다. 호조, 장흥고, 전설사, 사섬시, 선공감, 사기계

7월 일

1. 다음과 같이 감결합니다. 문서를 상준(相準)[37]할 때 사용할 황

37 상준(相準) : 서로 비교하여 검토한다는 뜻이다.

주 주토(黃州朱土)[38] 1냥, 글씨 잘 쓰는 서리가 사용할 황필 10자루, 참먹 5정을 진배하십시오. 만에 하나 지체한다면 처벌을 감수해야 합니다. 호조, 공조, 선공감

7월 일

1. 다음과 같이 감결합니다. 본청의 고지기가 탈이 있으니 후임으로 본고 고지기 1명을 정해 보내십시오. 그리고 글씨 잘 쓰는 서리 김수웅(金壽雄)과 김태정(金泰鼎)을 돌려보내니 그 후임으로 연소하고 글씨 잘 쓰는 자를 각별히 뽑아 보내십시오. 만에 하나 지체한다면 처벌을 감수해야 합니다. 병조, 장흥고

7월 일

1. 다음과 같이 감결합니다. 앞으로 감시(監試) 과장(科場)을 설치할 날이 머지않으므로 본청은 도로 형조와 공조로 옮겨 설치한다고 합니다. 포진 및 차일(遮日), 차양(遮陽), 가가(假家), 측간(廁間), 위배(圍排) 등의 물건을 또한 철배(撤排)[39]하여 옮겨 설치해야 하고, 《일기》 및 문서궤, 잡물을 운수하기 위해 부지군(負持軍)

38 황주 주토(黃州朱土) : 주토는 산화철(酸化鐵)이 많이 포함되어 붉은빛을 띠는 흙으로, 석간주(石間硃)라고도 한다. 안료로 만들어 그림을 그리거나 도기(陶器)를 채색할 때, 시험지나 문서에 붉은 글씨를 쓸 때 이용하였다. 황주가 주토의 주요 생산지였으므로 붙여진 이름이다.

39 철배(撤排) : 입배(入排)한 것을 철거하는 것이다.

10명을 내일 파루(罷漏)의 종이 울릴 때까지 정해 보내며, 《일기》를 보관할 고방(庫房) 사면(四面)의 문 첩박이(貼朴伊)[40]감 조리목(條理木) 및 걸쇠[乬金]를 갖춘 환배목(環排目) 등 물품을 넉넉히 대령하고, 대청 청판(廳板)이 간간이 떨어져 나간 곳이 있다고 하니 송판(松板) 3, 4닢과 연장(鍊粧)을 소지한 목수 2명을 대령하여 수보(修補)하도록 하십시오. 만에 하나 지체한다면 처벌을 감수해야 합니다. 호조, 병조, 형조, 공조, 선공감, 위장소

7월 일

1. 다음과 같이 감결합니다. 본청에 옮겨 차임된, 요포가 없는 서리 7인 가운데 2인은 그대로 두어 사역하고 5인은 돌려보낸다고 하였으니, 그 후임을 요포가 있는 아문으로 옮겨 정하되, 연소하면서 글에 능하고 일을 아는 자로 선정하여 각각 그 장리(掌吏)가 영부(領付)[41]하십시오. 만에 하나 지체한다면 처벌을 감수해야 합니다. 호조, 병조

7월 일

1. 다음과 같이 감결합니다. 오늘 거둥에, 본청의 당상과 낭청이

•••••

40 첩박이(貼朴伊) : 첩박이[貼朴只]의 다른 표기인 듯하다. 111쪽 주28 참조.

41 영부(領付) : 영솔(領率)하여 부속(付屬)한다는 뜻이다. 각 아문의 장리가 옮겨 차임할 서리를 거느리고 와서 본청에 소속시키는 것이다.

지영할 때 불을 밝히는 데 사용할 대용지(大龍脂) 10자루를 즉각 진배하십시오. 만에 하나 지체한다면 처벌을 감수해야 합니다. 호조, 의영고

7월 일

1. 다음과 같이 감결합니다. 본청의 서사(書寫)가 사용할 황필 2자루, 참먹 1정과 책지 부족분에 사용할 후백지 5권을 진배하십시오. 만에 하나 지체한다면 처벌을 감수해야 합니다. 호조, 공조, 장흥고

7월 일

1. 다음과 같이 감결합니다. 본청에 옮겨 차임된, 요포가 없는 서리를 돌려보내고 요포가 있는 서원을 데려와 사역하도록 당상이 분부하였습니다. 병조와 호조는 옮겨 차임한 서리와 글씨 잘 쓰는 서리의 수효가 많아서 더 차정할 수가 없으므로, 일기청의 예에 따라 장흥고와 제용감의 서원 각 1인을 정해 보내되, 글씨 잘 쓰는 서원을 우선 뽑아 보내십시오. 그리고 이들 옮겨 차임할 서원을 즉시 장리가 도감에 영부하십시오. 만에 하나 지체한다면 처벌을 감수해야 합니다. 장흥고, 제용감

7월 일

1. 다음과 같이 감결합니다. 본청에 옮겨 차임된 서리와 글씨 잘

쓰는 서리에 대해 도감에서 비변사와 사헌부에 공문을 보냈습니다. 봉점(逢點)[42]할 성책(成冊)에 이런 내용으로 현탈(懸頉)[43]하여 봉점하는 데 문제가 없도록 하십시오. 만에 하나 지체한다면 처벌을 감수해야 합니다. 호조, 병조, 사복시, 장흥고, 제용감, 사재감, 사도시

7월 일

1. 다음과 같이 감결합니다. 본청의 당상과 낭청, 다모가 사용할 동마비개(銅亇飛介 구리 주전자) 각 1개와 휘건(揮巾) 2건을 용환차로 진배하십시오. 만에 하나 지체한다면 처벌을 감수해야 합니다. 호조, 제용감

7월 일

1. 다음과 같이 감결합니다. 본청에서 문서에 사용할 백휴지 2근, 글씨 잘 쓰는 서리가 사용할 황필 5자루와 참먹 2정을 신속히 진배하십시오. 만에 하나 지체한다면 처벌을 감수해야 합니다. 호조, 공조, 사섬시

•••••

42 봉점(逢點) : 상급 관아에 점고(點考)를 받는 일이다.

43 현탈(懸頉) : 문제의 사안에 대해 사유를 기록하는 것이다. 여기서는 점고를 받기 위해 성책할 때 해당 관원이 도감에 옮겨 차임되어 점고를 받지 못한다는 내용을 성책에 기록한다는 뜻이다.

7월 일

1. 다음과 같이 감결합니다. 본청의 책역(冊役)은 내달 초에 처음 인출할 계획이므로 12판의 쇠우리〔鐵于里〕와 동인찰(銅印札)에 들어갈 물력을 속히 마련하여 지급함으로써 진배할 수 있도록 하십시오. 만에 하나 지체한다면 처벌을 감수해야 합니다. 호조, 교서관

9월 일

1. 다음과 같이 감결합니다. 본청의 당상방과 낭청방에 매일 땔나무〔燒木〕 각 1단씩, 서리방에 반 단씩, 다모간에 반 단씩, 당상방·낭청방 합하여 노탄(爐炭) 1말(斗)씩, 서리방에 2되(升)씩을 역사가 끝날 때까지 진배하십시오. 만에 하나 지체한다면 처벌을 감수해야 합니다. 호조, 사재감, 선공감

9월 일

1. 다음과 같이 감결합니다. 본청의 군직 당상과 낭청이 좌기할 곳의 호피 방석(虎皮方席) 2닢, 산양피 방석(山羊皮方席) 2닢, 모구피 방석(毛狗皮方席) 7닢을 새로 만드는 데 들어갈 물력은 횡간(橫看)에 따라 마련하여 지급함으로써 만들어 진배할 수 있도록 하십시오. 만에 하나 지체한다면 처벌을 감수해야 합니다. 호조, 공조, 제용감

9월 일

1. 다음과 같이 감결합니다. 본청에서 책자를 인출할 때 소로장(小爐匠)이 사용할 백토(白土), 포토(浦土 개흙), 백휴지(白休紙), 소금〔鹽〕, 생마(生麻)·숙마(熟麻) 등의 물건을 풍로(風爐) 한 대당 들어가는 값으로 환산해서 마련하여 지급함으로써 진배용으로 만들어 내도록 하며, 말총체〔馬尾篩〕와 대나무체〔竹篩〕 각 1부 50냥, 저울〔稱子〕 1부, 멍석〔網石〕 1닢, 빈 섬〔空石〕 5닢을 용환차로 진배하십시오. 만에 하나 지체한다면 처벌을 감수해야 합니다. 호조, 선공감, 평시서

9월 일

1. 다음과 같이 감결합니다. 책자를 인출할 때 사용할 책판(冊板) 쇠우리〔鐵于里〕가 부족하니, 주철(鑄鐵) 3근 4냥, 유랍(鍮鑞) 6냥 5전(戔), 숯 6말 5되를 첨부하고, 우리판(于里板)[44] 부족분 4개감으로 매 판 길이 1자 6치짜리 송판(松板)과 책판 12판의 매 판 박이〔朴只〕용 1치짜리 대갈못〔頭丁〕 12개씩 144개 등 물품을 진배하십시오. 만에 하나 지체한다면 처벌을 감수해야 합니다. 호조, 선공감

44 우리판(于里板) : 사방을 두른 우리 가운데 끼우는 널빤지이다. 양판이라고도 한다.

9월 일

1. 다음과 같이 감결합니다. 어람용 초책(草冊) 4권의 가의(假衣)[45] 감 도련지(擣鍊紙) 2장과 면사(綿絲) 4전(戔), 면지(面紙)감 저주지 4장 등을 진배하며, 책자 싸개용 홍주 4폭 보자기〔紅紬四幅袱〕 1건, 홍가함(紅假函) 1부를 용환차로 진배하십시오. 만에 하나 지체한다면 처벌을 감수해야 합니다. 호조, 장흥고, 제용감, 선공감

9월 일

1. 다음과 같이 감결합니다. 이번 구일제(九日製)를 위해 봉점(逢點)할 때, 본청에 옮겨 차임된 서리·서사 및 글씨 잘 쓰는 서리·서원 등을 규례대로 점고에서 빼고 탈하하도록 도감에서 비변사와 사헌부에 공문을 보냈습니다. 각 관사에서 봉점할 성책 안에 이런 내용으로 현탈(懸頉)하여 보내십시오. 만에 하나 지체한다면 처벌을 감수해야 합니다. 호조, 병조, 장흥고, 제용감, 사도시, 사재감, 사복시, 전생서

9월 일

1. 다음과 같이 감결합니다. 책자를 정서(正書)하기 위한 황필(黃筆) 10자루와 참먹 5정, 지우거나 보완하는 데 사용할 후백지 2권과 주홍먹〔朱紅墨〕 20정 등을 진배하며, 책장(冊匠) 3명을 신속

• • • • •

45 가의(假衣) : 임시로 만든 책표지이다.

히 정해 보내십시오. 만에 하나 지체한다면 처벌을 감수해야 합니다. 호조, 공조, 장흥고, 평시서, 교서관

9월 일

1. 다음과 같이 감결합니다. 낭청이 서역(書役)할 때 야간 일에 사용할 황촉(黃燭) 2쌍, 목촉대(木燭臺) 1쌍, 사기연적[沙硯滴] 2개, 질화로[土火爐] 2개 등을 신속히 진배하십시오. 만에 하나 지체한다면 처벌을 감수해야 합니다. 호조, 의영고, 선공감, 와서, 사기계

9월 일

1. 다음과 같이 감결합니다. 본청의 책자는 지금 막 중초(中草)[46]를 이정(釐正 교정)하고 있다고 합니다. 앞으로 인출할 때 진상(進上) 건 및 반사(頒賜) 건에 들어갈 지지(紙地) 등을 필요한 수효만큼 미리 준비하여 대령함으로써 임시에 군박(窘迫)하여 사달이 나는 일이 없도록 하십시오. 만에 하나 지체한다면 처벌을 감수해야 합니다. 호조, 장흥고, 교서관, 풍저창

11월 일

1. 다음과 같이 감결합니다. 본청에서 문서에 사용할 후백지 1권, 백휴지 1근, 황필 5자루, 참먹 2정 등을 진배하며, 《정원일기》를

46 중초(中草) : 사료를 편찬할 때 중간 단계의 원고이다.

수송하기 위해 멜줄〔擔乼〕과 짐꾼〔擔軍〕을 갖춘 가자(架子) 5부를 즉시 대령하십시오. 만에 하나 지체한다면 처벌을 감수해야 합니다. 호조, 공조, 장흥고, 사섬시, 위장소, 선공감

11월 5일

1. 다음과 같이 감결합니다. 본청을 교서관에 옮겨 설치한다고 하니, 포진(鋪陳) 등의 물품 및 좌경(座更 야경꾼) 2패(牌)를 규례대로 대령하며, 문서 담을 궤 및 각양 물종을 실어 가는 데 필요한 부지군(負持軍) 5명을 즉각 대령하십시오. 만에 하나 지체한다면 처벌을 감수해야 합니다. 장흥고, 제용감, 전설사, 위장소, 한성부, 남부

11월 일

1. 다음과 같이 감결합니다. 전교로 인하여 거행하기 바랍니다. 종친과 의빈 및 2품 이하 시종 및 군함(軍銜)과 일찍이 곤수(閫帥) 이상을 거친 무신의 인원수를 일일이 써서 교서관에 올리십시오. 만에 하나 지체한다면 처벌을 감수해야 합니다. 종친부 서리, 의빈부 서리, 이조, 병조

11월 일

1. 다음과 같이 감결합니다. 찬수한 책자를 인역(印役)할 때에 초책을 내기 위한 백지 5권과 어제(御製)를 정서(正書)하기 위한 황필 2자루, 참먹 1정을 진배하며, 글씨 잘 쓰는 사자관 2인을 즉각

대령하십시오. 만에 하나 지체한다면 처벌을 감수해야 합니다. 호조, 공조, 장흥고, 사자청 장무관

11월 일

1. 다음과 같이 감결합니다. 이제 《천의소감》을 간인(刊印)하여 올리고 반포하도록 명을 내리셨으므로 지금 바야흐로 인역(印役)을 설행한다고 합니다. 다음에 기록한 각 관사는 모두 인역을 설행하기 전에 인역에 들어갈 물력을 준비하십시오. 만에 하나 지체한다면 처벌을 감수해야 합니다. 이조, 호조, 예조, 병조, 형조, 공조, 종친부, 의빈부, 충훈부, 돈녕부, 의정부, 장흥고, 사재감, 상의원, 의영고, 한성부, 사복시, 사도시, 사포서, 내자시, 훈련도감, 금위영, 어영청, 총융청, 수어청, 군자감, 광흥창, 선공감, 장악원, 장례원, 장원서, 전설사, 전생서, 봉상시

11월 일

1. 다음과 같이 감결합니다. 어필(御筆)을 모사(模寫)할 때 사용할 설화지(雪花紙) 2권과 참기름〔眞油〕 2홉, 낭청이 서역(書役)할 때 사용할 황필(黃筆) 5자루와 참먹 2정, 야간 일을 할 때 사용할 등유(燈油) 1되 등을 신속히 진배하십시오. 만에 하나 지체한다면 처벌을 감수해야 합니다. 호조, 공조, 의영고, 평시서

11월 일

1. 다음과 같이 감결합니다. 오늘 거둥하고 환궁할 때에 찬수청

의 도제조 이하를 서계(書啓)하라고 전교하셨습니다. 계목지(啓目紙) 5장, 황필 2자루, 참먹 1정을 진배하며, 서사(書寫) 1인을 신속히 정해 보내십시오. 만에 하나 지체한다면 처벌을 감수해야 합니다. 호조, 공조, 장흥고

11월 일

1. 다음과 같이 감결합니다. 전에 진배한 쇠우리〔鐵于里〕 가운데 12판에 들어가는 동인찰(銅印札)은 전에 배설했다가 쓰지 않은 것을 구차히 취해 보냈는데, 대부분 견양(見樣 견본)에 미치지 못하니, 가져다 쓰기 어려운 형편이 될 것이 분명하다고 합니다. 본조(本曹 호조)에 있는 것으로 전에 배설한 인찰 가운데 몸체가 크고 길이가 긴 것을 50개까지 즉각 다시 골라내어 진배하십시오. 만에 하나 지체한다면 처벌을 감수해야 합니다. 호조

11월 일

1. 다음과 같이 감결합니다. 《천의소감》을 간인하여 진상하는 일이 매우 시급한데 이제 막 역사를 시작하였다고 합니다. 대전에 3건을 진상하고, 자전에 1건을 봉진하고, 세자궁에 1건을 진헌하고, 5대 사고(史庫)·의정부·중추부·육조·승정원·홍문관·예문관·시강원·3도(都) 8도(道) 및 종친으로서 문무관 2품 이상, 문신으로서 실직과 군함을 포함한 시종신 이상, 무신으로서 곤수(閫帥) 이상을 거친 자에게 간인하여 반사(頒賜)하라고 전교하셨

습니다.[47] 진상용 5건에 건당 들어갈 초주지 5권씩 25권과 반사 건에 들어갈 저주지 1300권, 장의(粧衣)[48]감 황염초주지(黃染草注紙) 5권 등을 실입차로 우선 신속히 진배하십시오. 만에 하나 지체한다면 처벌을 감수해야 합니다. 호조, 장흥고, 풍저창, 교서관

11월 일

1. 다음과 같이 감결합니다. 《천의소감》을 인출할 때에 초견본(初見本)과 재견본(再見本) 2건의 백지 각 5권, 대교정본(大校正本)[49]과 정본(正本) 2건의 후백지 각 5권, 진상용 5건과 반사용 341건에 건당 모두 3책씩 인출할 때 들어갈 반참먹〔半眞墨〕, 황밀(黃蜜), 생마(生麻)·숙마(熟麻), 미추(尾箒), 말갈기〔馬鬣〕, 빈 데를 메울 백휴지(白休紙), 빈 데를 메울 대나무,[50] 질동이(陶東海), 먹, 방구리〔方文里〕 등 물품을 호조의 정례(定例)에 따라 진배하며, 각색장인(各色匠人)이 사용할 숯 2섬을 신속히 진배하십시오. 만에 하나 지체한다면 처벌을 감수해야 합니다. 호조, 공조, 장흥고, 의영고, 선공감, 평시서

• • • • •

47 대전에……전교하셨습니다 : 《천의소감찬수청의궤》 〈거조질〉 11월 5일 조에 전교한 내용이 실려 있다.

48 장의(粧衣) : 장황(粧績)의 한 단계로, 책의(冊衣)를 꾸미는 것이다.

49 대교정본(大校正本) : 세 번째 교정본을 말한다. 《承政院日記 正祖 卽位年 4月 12日》

50 빈 데를 메울 대나무 : 인출할 때 활자를 배열한 뒤에 활자가 움직이지 않도록 단단히 고정하기 위해 대나무 조각 또는 파지 등으로 서판의 빈 데를 괴거나 메운다. 이 일을 맡은 사람을 균자장(均字匠)이라고 한다. 《慵齋叢話 卷7》

11월 일

1. 다음과 같이 감결합니다. 《천의소감》을 반사하기 위해 종친부 2품 이상의 인원이 몇인지 곧바로 써서 고하도록 감결을 보낸 지가 이미 오래되었는데 아직까지 거행하지 않고 있으니, 일 처리가 지극히 태만합니다. 마땅히 중하게 다스려야 하되, 지금 우선 보류하니, 감결이 도착하는 즉시 신속히 보고하십시오. 어제 거둥하실 때 음관(蔭官)으로서 당상관 실직(實職)에 있는 인원에게 반사하라고 전교하셨으니,[51] 그 또한 즉각 명단을 뽑아내어 써서 들임으로써 지체되어 사달이 생기는 폐단이 없도록 하십시오. 만에 하나 지체한다면 처벌을 감수해야 합니다. 종친부 서리, 종부시 서리, 이조, 병조

11월 일

1. 다음과 같이 감결합니다. 책자를 인출할 때 균자(均字) 작업에 사용할 균도(均刀) 7개, 집게〔執鉅〕 2개와 각색 공장 등이 기거할 토우(土宇)에 들어갈 고초(藁草) 5동(同), 초둔(草芚) 3부(浮), 빈 섬〔空石〕 20닢, 질화로〔土火爐〕 10좌(坐), 겨울을 지낼 숯 3섬과 교정방에 들어갈 온돌목(溫突木)[52] 10단, 반주홍(磻朱紅) 2냥, 주필

•••••

51 어제……전교하셨으니 : 영조가 1755년(영조31) 11월 6일 출궁하여 육상궁(毓祥宮)에 친제를 지내고 효장묘(孝章廟)에 들렀다가 환궁하는 도중에 내린 전교이다. 《承政院日記 英祖 31年 11月 6日》

52 온돌목(溫突木) : 온돌에 불을 지필 땔나무이다. 온돌소목(溫突燒木)과 같은 뜻이다.

(朱筆) 5자루, 주사발(朱沙鉢) 3닢, 교정용 백필 3자루, 등상(橙牀) 4좌, 습지판(濕紙板) 2닢 등 물품을 신속히 진배하십시오. 만에 하나 지체한다면 처벌을 감수해야 합니다. 호조, 공조, 선공감, 사복시, 사재감, 군자감, 광흥창, 와서, 제용감, 사기계

11월 일

1. 다음과 같이 감결합니다. 책자를 인출할 때 당상방과 낭청방에 매일 온돌에 불을 지필 땔나무〔溫突燒木〕 각 1단씩, 서리방에 반 단씩, 습지(濕紙)를 데울 용도로 1단씩, 다모간에 반 단씩, 낭청 직숙방에 매일 등진유(燈眞油) 3홉씩, 서리 상직방에 등법유(燈法油 등불용 들기름) 2홉씩, 당상방과 낭청방에 합하여 매일 노탄(爐炭) 1말씩을 역사를 마칠 때까지 진배하며, 광명대(光明臺 등잔걸이) 2개를 용환차로 또한 진배하십시오. 만에 하나 지체한다면 처벌을 감수해야 합니다. 호조, 의영고, 선공감, 사재감

11월 일

1. 다음과 같이 감결합니다. 책자를 간인하여 올리는 일이 매우 시급한데, 주자(鑄字)가 부족한 문제 등으로 일일이 수정하고 보충하기 어려운 점이 있으니 부득이 더 주조해서 가져다 써야 한다고 합니다. 주철(鑄鐵) 5근, 주성탄(鑄成炭) 8말, 황양목(黃楊木 회양목) 3개 등 물품을 신속히 진배하십시오. 만에 하나 지체한다면 처벌을 감수해야 합니다. 호조, 선공감, 교서관

11월 일

1. 다음과 같이 감결합니다. 어제(御製)·어필(御筆)을 모사(模寫)할 때 정간(井間)에 사용할 주홍먹〔朱紅墨〕 1정과 화필(畫筆) 2자루, 사자관이 사용할 황필(黃筆) 2자루와 참먹 2정, 보자관(補字官)이 사용할 붓과 먹으로 10권당 각 1개씩, 책판에 부족한 동인찰(銅印札) 40개 등을 신속히 진배하십시오. 만에 하나 지체한다면 처벌을 감수해야 합니다. 호조, 공조, 평시서

11월 일

1. 다음과 같이 감결합니다. 책자를 인출할 때 소로장(小爐匠)이 사용할 백휴지 반 근, 백토(白土) 2말, 포토(浦土 개흙) 2말, 소금 1되, 숯 2말, 생마(生麻)·숙마(熟麻) 각 4냥, 집돼지 털〔家猪毛〕 2전(戔), 유랍(鍮鑞) 2냥, 관솔〔松明〕 8냥과 목본(木本)[53] 뜨는 데 쓸 황양목(黃楊木) 2조(條) 등을 진배하며, 말총체〔馬尾篩〕와 대나무체〔竹篩〕 각 1부를 용환차로 진배하십시오. 만에 하나 지체한다면 처벌을 감수해야 합니다. 호조, 선공감, 사섬시, 사재감, 교서관, 평시서

11월 일

1. 다음과 같이 감결합니다. 《천의소감》 진상 건과 진헌 건 합 5건에 건당 모두 3책인데 책당 장황(粧績)에 들어갈 면지(面紙)감 초

53 목본(木本) : 나무로 주조한 자본(字本) 즉 목활자(木活字)이다.

주지(草注紙) 1장씩, 공격(空隔)감 초주지 1장씩, 후배(後褙)감 저주지(楮注紙) 2장씩, 홍진사(紅眞絲) 4푼씩, 풀가루〔膠末〕 3홉씩, 황밀(黃蜜) 3푼씩과 반사용 341건에 건당 모두 3책씩인데 책당 장황에 들어갈 면지감 저주지 1장씩, 후배감 후백지(厚白紙) 2장씩, 홍진사 3푼씩, 풀가루 2홉씩, 황밀 2푼씩과 배판(褙板)감 단판(椴板) 2닢, 건조용 장죽(長竹) 3개, 교사포(膠篩布)[54] 3자, 수건용 명주〔手巾紬〕 2자, 말총체〔馬尾篩〕 2부, 귀얄〔歸也〕[55]감 집돼지 털〔家猪毛〕 4냥 등의 물품을 정례에 따라 진배하십시오. 만에 하나 지체한다면 처벌을 감수해야 합니다. 호조, 장흥고, 의영고, 평시서, 선공감, 제용감, 풍저창, 예빈시, 교서관

11월 일

1. 다음과 같이 감결합니다. 책자를 인출할 때 어제(御製)·윤음(綸音)·어필(御筆)을 모사(模寫)하고 당상과 낭청의 좌목을 간본(刊本)하는 데 사용할 자작판(自作板) 14닢, 옹밀이〔雄尾里〕 1대(臺), 마포(麻布) 3자, 풀가루〔膠末〕 1되, 연탄(煉炭) 1말, 5치짜리 못〔丁〕 20개와 2치짜리 못 20개, 집돼지 털〔家猪毛〕 3냥, 연일산 숫돌〔延日礪石〕과 센 숫돌〔强礪石〕 각 1괴(塊), 대상(臺牀) 2좌(坐),

• • • • •

54 교사포(膠篩布) : 풀 쑤는 데 쓰이는, 체를 받치는 베인 듯하나 분명하지 않다.

55 귀얄〔歸也〕 : 풀이나 옻을 칠할 때에 쓰는 솔이다. 주로 돼지털이나 말총을 넓적하게 묶어 만든다. 호추(糊箒)라고도 한다.

등자쇠〔鐙子鐵〕 2개, 속새〔木賊〕 2전(戔), 질주전자〔陶罐〕 1부, 어교(魚膠)[56] 반 장, 노탄(爐炭) 1말, 소목(小木) 반 단, 소금 1되 등을 정례에 따라 진배하며, 용환(用還)할 물품은 규례대로 용환하십시오. 만에 하나 지체한다면 처벌을 감수해야 합니다. 호조, 선공감, 제용감, 사재감, 군기시

11월 일

1. 다음과 같이 감결합니다. 인출할 책자의 초책을 낼 때 야간 일에 사용할 황촉 2쌍, 수장(收藏) 담당 인원이 야간 일에 사용할 황촉 2쌍, 각색 장인이 야간 일에 사용할 등유(燈油) 2되와 노탄(爐炭) 2섬 등을 진배하십시오. 만에 하나 지체한다면 처벌을 감수해야 합니다. 호조, 의영고, 선공감

11월 일

1. 다음과 같이 감결합니다. 인출할 책자의 초책을 낼 때 사용할 황필 5자루, 참먹 2정, 서리가 문서를 작성하는 데 사용할 무심필(無心筆) 2자루, 백지 1권, 백휴지 1근, 편지(便紙)감 후백지 10장 등을 진배하십시오. 만에 하나 지체한다면 처벌을 감수해야 합니다. 호조, 공조, 장흥고, 사섬시

56 어교(魚膠) : 어류의 부레를 끓여서 만든 풀로, 부레풀이라고도 한다.

11월 일

1. 다음과 같이 감결합니다. 본청에서 책자를 인출할 때 들어가는 반사(頒賜) 건 지지(紙地) 도합 1700권 가운데, 전일에 1300권으로 감결을 보냈다고 하니, 이 부족분 지지 400권도 즉각 진배하십시오. 만에 하나 지체한다면 처벌을 감수해야 합니다. 호조, 교서관

11월 일

1. 다음과 같이 감결합니다. 대전에 진상할 《천의소감》 3건을 쌀 홍주 5폭 겹보자기〔紅紬五幅甲袱〕 1건, 대왕대비전에 봉진할 1건을 쌀 홍주 4폭 겹보자기〔紅紬四幅甲袱〕 1건, 세자궁에 진헌할 1건을 쌀 남주 4폭 겹보자기〔藍紬四幅甲袱〕 1건, 새로 만드는 데 들어가는 것은 횡간(横看)에 따른다. 금전지(金錢紙)[57]감 지금(紙金) 각 1장씩, 초록진사(草綠眞絲) 2전씩, 반사용 341건을 쌀 홍주 5폭 홑보자기〔紅紬五幅單袱〕 23건, 용환차로 새로 만드는 데 들어가는 것은 횡간에 따른다. 금전지감 지금 23장, 초록진사 4냥 6전, 진상 건을 담을 뚜껑 갖춘 홍정함(紅精函) 3부, 반사 건을 담을 홍정함 10부 등을 진배하십시오. 만에 하나 지체한다면 처벌을 감수해야 합니다. 호조, 제용감, 선공감

57 금전지(金錢紙) : '金箋紙'로도 표기한다. 보자기의 네 귀나 끈에 다는, 금종이〔紙金〕로 만든 장식품이다. 금종이를 세모나게 접어 한쪽에 붉은빛이나 푸른빛의 명주실로 된 술을 물린다.

11월 일

1. 다음과 같이 감결합니다. 책자를 인출할 때 수장(收藏) 담당 인원 및 창준(唱準)[58] 등이 야간 일에 사용할 황촉 2쌍과 각색 장인이 야간 일에 사용할 등유 2되, 노탄 2섬을 신속히 진배하십시오. 만에 하나 지체한다면 처벌을 감수해야 합니다. 호조, 의영고, 선공감

11월 일

1. 다음과 같이 감결합니다. 《천의소감》의 인역(印役)이 매우 시급하여 지금 한창 주야 근무를 병행하고 있다고 하니, 본감의 인출장(印出匠) 2명을 즉각 정해 보내십시오. 만에 하나 지체한다면 처벌을 감수해야 합니다. 관상감

11월 일

1. 다음과 같이 감결합니다. 《천의소감》의 전문(箋文)을 올릴 때에 들어가는 표지 3장, 초본을 내기 위한 저주지 2장, 서사가 사용할 황필 2자루와 참먹 1정, 책의〔衣〕 및 첨(籤 제첨(題簽))에 아울러 쓸 도홍화사주(桃紅花紗紬) 1자 1치, 배접〔褙衣〕감 저주지 1장, 담는 데 필요한 뚜껑 갖춘 홍정함 1부, 홍주 4폭 보자기〔紅

58 창준(唱準) : 교서관(校書館)에 소속된 잡직(雜職)이다. 본래 명칭은 사준(司準)이었으며, 영조 때에 창준으로 개칭하였다. 글자를 소리 내어 읽으면서 교정하는 일을 맡았다.

紬四幅袱〕 안팎 것을 합한 2건, 인압(印押)하기 위한 당주홍(唐朱紅) 2전(戔) 등을 진배하십시오. 만에 하나 지체한다면 처벌을 감수해야 합니다. 호조, 공조, 장흥고, 조지서, 제용감, 선공감

11월 일

1. 다음과 같이 감결합니다. 《천의소감》을 장책(粧冊)할 때 책지를 둔 방에 쓸 땔나무〔燒木〕 5단, 교말목(膠末木) 2단, 숯 1섬, 등상(登牀) 10좌, 전반(剪板)[59]감 가시목(加時木) 2개, 연일산 숫돌 1괴 등을 진배하며, 추조군(推造軍) 5명, 다회장(多繪匠) 2명을 역사가 끝날 때까지 정해 보내십시오. 만에 하나 지체한다면 처벌을 감수해야 합니다. 호조, 선공감, 사재감, 평시서, 상의원

11월 일

1. 다음과 같이 감결합니다. 낭청방에서 야간 일에 사용할 황촉 2쌍, 각색 장인이 야간 일에 사용할 등유 2되, 합하여 노탄(爐炭) 2섬 등을 진배하십시오. 만에 하나 지체한다면 처벌을 감수해야 합니다. 호조, 의영고, 선공감

59 전반(剪板) : 도련판(刀鍊板)으로, 종이 따위를 도련할 때 칼질을 똑바로 할 수 있게 눌러 주는 나뭇조각이다.

11월 20일

1. 다음과 같이 감결합니다. 《천의소감》 진상 건을 도침(擣砧)[60] 하기 위해 이달 23일에 조지서로 나간다고 하니, 백휴지(白休紙) 1근, 홍색 무명 보자기〔紅木袱〕 3건, 유둔(油芚) 3부(浮), 가는 노끈〔小索〕 3거리(巨衣), 짚자리〔草席〕 3닢, 멜줄〔擔乼〕과 짐꾼〔擔軍〕을 갖춘 가자(架子) 3부를 같은 날 새벽에 교서관에 대령하며, 급수통(汲水桶) 1좌, 질동이〔陶東海〕 1부, 차장(遮帳 차일장(遮日帳)), 병풍(屛風), 지의(地衣) 등 물품 및 책장(冊匠)이 사용할 노탄(爐炭) 1말과 취반목(炊飯木) 1단, 지장(紙匠) 편수〔邊首〕[61]를 조지서에 대령시키십시오. 만에 하나 지체한다면 처벌을 감수해야 합니다. 호조, 병조, 제용감, 장흥고, 선공감, 공조, 전설사, 조지서, 사섬시, 위장소(衛將所)}

11월 일

1. 다음과 같이 감결합니다. 지금 이미 책자 간인(刊印)을 마쳤는데, 25일 진상할 때 일찍이 당상·낭청을 거친 자가 배진하도록 전에 명을 내리셨습니다. 전일에 옮겨 차임된 서리와 서원 등을 같은 날 파루(罷漏)의 종이 울릴 때가 되면 교서관에 와서 대령하도록

•••••

60 도침(擣砧) : 도련(擣鍊)이라고도 하는데, 종이나 피륙을 다듬잇돌에 다듬질하여 반드럽게 하는 일이다.

61 지장(紙匠) 편수〔邊首〕 : 종이 만드는 일을 맡아 하던 사람 가운데 우두머리 장인을 일컫는다. 편수는 장인들을 통솔하는 우두머리이다.

하십시오. 만에 하나 지체한다면 처벌을 감수해야 합니다. 호조, 병조, 제용감, 사재감

11월 23일

1. 다음과 같이 감결합니다. 《천의소감》 및 전문(箋文)을 이달 25일 새벽에 배진할 때 단지 세장(細仗)으로 명정전(明政殿)에 들이도록 전교하셨습니다. 의주(儀註) 절차는 전례를 참고하여 미리 거행하며, 세의장(細儀仗) 및 짐꾼과 멜줄을 갖춘 채여(彩輿) 3부, 향로(香爐)·향합(香盒)·향(香)·향탄(香炭)을 갖춘 향용정(香龍亭)[62] 1부, 복건(服巾)을 갖춘 군사,[63] 충찬위, 거달(巨達)[64] 등을 규례대로 대령하며, 전정(殿庭)에 배설할 차일(遮日)·포진(鋪陳)·고족상(高足牀)·상건(牀巾) 또한 대령하며, 도로는 교서관에서 홍화문에 이르고 명정문으로 들어가니, 이대로 알고 거행하며, 통례원의 사지 서원(事知書員) 1인도 본청에 대령하게 하십시오. 만에 하나 지체한다면 처벌을 감수해야 합니다. 호조, 병조, 예조, 공조, 전설사, 사복시, 장흥고, 제용감, 선공감, 의장고, 향실, 한성부, 남부, 중부, 동부,

62 향용정(香龍亭) : 신주(神主), 향로(香爐) 등을 넣어서 이동하는 정자(亭子) 모양의 작은 가마이다.

63 복건(服巾)을 갖춘 군사 : 채여(彩輿)를 멜 부지군(負持軍)은 그 채여의 숫자에 따라 규식대로 대령하는데 복건을 갖추게 하였다. 《英宗大王實錄廳儀軌 校讐廳 甘結秩》 복건은 두건을 착용한 복장을 지칭하는 듯하다.

64 거달(巨達) : 거덜이라고도 한다. 사복시(司僕寺)에서 말을 거두어 주는 하례(下隷)이다.

통례원, 승문원, 위장소, 사약방(司鑰房), 내시부, 군자감, 광흥창, 와서

11월 일

1. 다음과 같이 감결합니다. 진상할 책자를 지우거나 보완할 때 야간 일에 쓸 황촉 2쌍, 각색 장인이 야간 일에 쓸 등유 2되와 숯 1섬, 서리가 문서 작성에 사용할 백지 1권, 황필 2자루, 참먹 1정 등을 진배하십시오. 만에 하나 지체한다면 처벌을 감수해야 합니다. 호조, 공조, 의영고, 선공감, 장흥고

11월 일

1. 다음과 같이 감결합니다. 《천의소감》 책자를 인출할 때 개장(改張) 및 부족분에 들어갈 후백지 250권을 신속하게 진배하여 제때에 일을 마칠 수 있도록 하십시오. 만에 하나 지체한다면 처벌을 감수해야 합니다. 호조, 장흥고, 교서관

11월 24일

1. 다음과 같이 감결합니다. 대왕대비전에 진상할 《천의소감》을 언서(諺書)로 번역할 때 초책을 내기 위한 백지 5권과 정서(正書)하기 위한 저주지 6권, 황필 5자루, 참먹 2정 등을 진배하십시오. 만에 하나 지체한다면 처벌을 감수해야 합니다. 호조, 공조, 장흥고

11월 일

1. 다음과 같이 감결합니다. 진상할 《천의소감》 책 제목을 서사(書寫)하기 위해 사자관 정종주(鄭宗周)와 조덕준(趙德俊)을 내일 새벽에 정해 보내며, 황필 2자루와 참먹 1정을 신속히 진배하십시오. 만에 하나 지체한다면 처벌을 감수해야 합니다. 호조, 공조, 사자청

11월 일

1. 다음과 같이 감결합니다. 본청에서 찬수할 때 전후로 낸 초책(草冊) 및 어람하신 초책을 전교로 인해 내일 세초(洗草)할 것이니,[65] 큰 솥〔大釜〕 2좌(坐), 땔나무〔燒木〕 5단, 질통〔擔桶〕 2부, 급수군(汲水軍) 6명을 장악원에 대령하십시오. 만에 하나 지체한다면 처벌을 감수해야 합니다. 호조, 공조, 병조, 위장소, 사재감

11월 일

1. 다음과 같이 감결합니다. 대왕대비전에 진상할 《천의소감》을 언서(諺書)로 번역할 때 정서(正書)하기 위해 어의궁 차지(於義宮次知) 송규빈(宋奎斌) 형제, 제용감 서원 이유담(李惟聃), 옥당 서

• • • • •

65 본청에서……것이니 : 《천의소감찬수청의궤》 〈거조질〉 11월 7일 조에 보인다. 교정 당상 이성중(李成中)이 입시하여 중초책 및 일기 등 책을 어떻게 처리하느냐고 여쭈니 상이 모두 세초하라고 하였다. 영의정 이천보(李天輔)가 "그 중초책 1건에 어필로 첨삭한 곳이 있는데 이는 어떻게 합니까?" 하니, 모두 세초하라고 명하였다. '어람하신 초책'은 이천보가 말한, 어필로 첨삭한 1건을 지칭하는 것으로 보인다.

사 유세관(柳世寬) 등을 신속히 장악원에 대령시키십시오. 만에 하나 지체한다면 처벌을 감수해야 합니다. 어의궁, 옥당, 제용감

11월 일

1. 다음과 같이 감결합니다. 본청 원역 및 교서관 공장 등은, 언서가 아직 진상되지 않았고 반사 건을 아직 교정하기 전이니, 이전처럼 야간 통행을 단속하지 말며, 수직 군사 2명과 다모 1명은 이전처럼 정해 보내십시오. 만에 하나 지체한다면 처벌을 감수해야 합니다. 훈련도감 서리, 금위영 서리, 어영청 서리, 좌포청, 우포청, 좌우 순청, 병조, 위장소

12월 1일

1. 다음과 같이 감결합니다. 언서로 번역할 때 낭청방에서 야간 일에 사용할 황촉(黃燭) 2쌍, 노탄(爐炭) 5말, 황필(黃筆) 5자루, 참먹 2정, 서안(書案) 3부, 벼룻집을 갖춘 벼루 3부 등을 진배하십시오. 만에 하나 지체한다면 처벌을 감수해야 합니다. 호조, 공조, 의영고, 선공감

12월 일

1. 다음과 같이 감결합니다. 《천의소감》 반사 건을 도침(擣砧)하기 위해 내일 새벽에 조지서로 나간다고 하니, 멜줄〔擔乼〕과 짐꾼〔擔軍〕을 갖춘 가자(架子) 15부, 인로군(引路軍) 2명, 가는 노끈〔小索〕

10거리(艮衣), 미추(尾箒) 2자루, 홍색 무명 보자기〔紅木袱〕 15건, 유둔(油芚) 15부(浮), 짚자리〔草席〕 15닢, 백휴지(白休紙) 3근을 내일 날이 밝기 전에 교서관에 진배하며, 급수통(汲水桶) 1부, 휘장(揮帳)·초둔(草芚)·지의(地衣) 등 물품 및 책장(冊匠)이 사용할 숯 5말, 취반목(炊飯木) 3단, 등유(燈油) 5홉, 지장(紙匠) 편수〔邊首〕, 서원(書員)을 조지서에 대령시키십시오. 만에 하나 지체한다면 처벌을 감수해야 합니다. 호조, 병조, 장흥고, 선공감, 사섬시, 사재감, 전설사, 제용감, 군자감, 광흥창, 조지서, 의영고, 위장소

12월 일

1. 다음과 같이 감결합니다. 언서로 번역할 때 야간 일에 사용할 황촉 2쌍, 서리 상직방의 등유(燈油) 1되 등을 진배하십시오. 만에 하나 지체한다면 처벌을 감수해야 합니다. 호조, 의영고

12월 일

1. 다음과 같이 감결합니다. 진상할 언서 책을 장황(粧績)하는 데에 들어갈, 언서 4권의 권당 책의(冊衣)감 황염초주지(黃染草注紙) 반 장씩, 면지(面紙)감 초주지 1장씩, 후배(後褙)감 저주지 2장씩, 홍진사 4푼씩, 황밀 1푼씩, 풀가루 1홉씩, 황염수(黃染水) 1되와 진상하는 데에 들어갈 홍함(紅函) 1부, 홍주 5폭 겹보자기〔紅紬五幅甲袱〕 1건, 들어가는 것은 횡간(橫看)에 따른다. 금전지(金錢紙)감 지금(紙金) 1장, 초록진사(草綠眞絲) 4전 등을 진배하십시오.

만에 하나 지체한다면 처벌을 감수해야 합니다. 호조, 공조, 의영고, 장흥고, 풍저창, 제용감, 선공감, 예빈시

12월 일

1. 다음과 같이 감결합니다. 언서로 번역하여 정서할 책 부족분에 들어갈 저주지 1권, 황필 5자루, 참먹 2정과 야간 일에 쓸 황촉 2쌍과 문서 작성에 쓸 백지 1권 등을 진배하십시오. 만에 하나 지체한다면 처벌을 감수해야 합니다. 호조, 공조, 의영고, 장흥고

12월 4일

1. 다음과 같이 감결합니다. 언서 책 제목을 서사할 때 사자관이 사용할 황필 1자루, 참먹 1정을 진배하십시오. 만에 하나 지체한다면 처벌을 감수해야 합니다. 호조, 공조

12월 5일

1. 다음과 같이 감결합니다. 《천의소감》의 언서 책을 지금 이미 진상하여 본 도감은 이미 파했고, 의궤청(儀軌廳)을 설치하였습니다. 의궤청의 물금첩(勿禁帖)[66]은 시행하고 찬수청의 물금첩은 시행하지 마십시오. 만에 하나 지체한다면 처벌을 감수해야 합니다. 훈련도감 서리, 금위영 서리, 어영청 서리, 좌우 포청, 좌우 순청

66 물금첩(勿禁帖) : 문서의 명칭으로 야간 통행증 따위를 말한다..

12월 10일

1. 다음과 같이 감결합니다. 점련(粘連)하여 계하받은 사목을 살펴 시행하기 바랍니다. 본청의 의궤를 편찬할 처소를 귀후서(歸厚署)로 정하였으니, 각종 포진(鋪陳) 등의 물품을 규례대로 대령하며, 옮겨 차임된 호조 서리 정기석(鄭基碩), 병조 전임 서리 박진욱(朴震郁), 호조 전임 서리 이세대(李世大), 교서관 고지기 고창윤(高昌允) 4인 및 병조·호조 사령 각 1명, 수직 군사 2명은 그대로 사환으로 삼도록 대신에게 아뢰어 절목에 써서 이미 계하받았으니 이대로 거행하며, 의궤책에 들어가는 물품으로 초책을 내기 위한 백지 4권, 황필 6자루, 참먹 3정, 정서하기 위한 저주지 3권과 창호 도배감 장지(壯紙) 10장과 문서 작성에 사용할 백지 1권, 백휴지 1근, 차사발(茶沙鉢) 1개, 보시기〔甫兒〕 1닢, 인주(印朱) 1냥과 문서를 담아 넣을 버들고리〔柳箕〕 1부, 미추(尾箒) 2자루, 풀가루〔膠末〕 1되, 질화로〔土火爐〕 2부와 서사가 쓸 서판(書板) 2닢, 전반(剪板) 2개 등 물품을 진배하며, 오는 10일부터 점화목(點火木) 매일 반 단씩, 등유 매일 5사(夕)씩, 노탄 1되씩을 역사가 끝날 때까지 진배하며, 좌우 복병군 2명, 다모 1명을 그대로 정해 보내며, 좌경(座更) 1패를 매일 정해 보내십시오. 만에 하나 지체한다면 처벌을 감수해야 합니다. 호조, 병조, 공조, 장흥고, 예빈시, 선공감, 사재감, 사섬시, 형조, 와서, 전설사, 군자감, 광흥창, 의영고, 좌포청, 우포청, 제용감, 위장소, 한성부, 중부, 사기계

12월 일

1. 다음과 같이 감결합니다. 어제 수서(御製手書)를 첩(帖)으로 만들어 반사하신 뒤에 본청의 당상과 낭청이 사은(謝恩)하는 전문(箋文)을 배진합니다. 전문의 정문(正文)·부문(副文)에 들어갈 표지 2장과 안팎을 쌀 홍주 4폭 겹보자기 2건,새로 만드는 데 들어가는 것은 횡간에 따른다. 금전지(金錢紙)감 지금(紙金) 1장, 초록진사 4전, 홍함 1부와 사자관이 사용할 황필 2자루, 참먹 1정과 인압(印押)감 당주홍(唐朱紅) 2전, 당접시〔唐貼匙〕 1개, 연탄(硯炭) 1말 등을 진배하십시오. 만에 하나 지체한다면 처벌을 감수해야 합니다.호조, 공조, 제용감, 선공감, 조지서, 사자청, 승문원, 사기계

12월 일

1. 다음과 같이 감결합니다. 본청의 사은하는 전문을 이달 20일 아침 전의감에서 배진할 때에 도제조 이하로 일찍이 당상과 낭청을 거친 인원이 참석한다고 합니다. 궐 안팎에 의막(依幕), 포진(鋪陳) 등의 물품을 파루(罷漏)의 종이 울리면 대령하고, 짐꾼〔擔軍〕과 멜줄〔擔乼〕을 갖춘 용정(龍亭) 1부, 세의장(細儀仗), 인로군(引路軍) 등을 규례대로 대령하게 하십시오. 도로를 청소하고 황토를 까는 것은 전의감에서부터 돈화문에 이르고 명정문에 들어가는 길까지입니다. 전정(殿庭)에 배설할 차일(遮日)과 포진 및 고족상(高足牀), 상건(牀巾) 등은 미리 대령하며, 통례원 사지 서원 1인은 파루의 종이 울리면 대령하게 하십시오. 만에 하나 지체한

다면 처벌을 감수해야 합니다. 호조, 병조, 예조, 전설사, 선공감, 제용감, 한성부, 중부, 장흥고, 군자감, 광흥창, 의장고, 위장소, 내시부, 사약방, 통례원

서리(書吏)	한수담(韓壽聃) 호조
	임지위(林枝葳) 병조
	박진욱(朴震郁) 병조
	홍인택(洪仁澤) 호조
	변성휘(邊聖輝) 병조
	이정필(李廷泌) 호조
	정기석(鄭基錫) 호조
	김계욱(金啓郁) 병조
	송정환(宋廷煥) 호조
	박홍득(朴弘得) 병조
	이세대(李世大) 호조
	김태정(金泰鼎) 병조
	지달원(池達源) 사재감
	장덕년(張德年) 제용감
고지기(庫直)	김우추(金友樞) 병조
	남응복(南應福) 장흥고
사령(使令)	함덕주(咸德柱) 등 15명
군사(軍士)	막금(莫金) 등 5명

校勘標點

闡義昭鑑纂修廳儀軌

吳世玉 校點

凡例

이 책은 英祖 31년(1755) 당대 정치적 사건과 관련한 敎書, 供辭, 推鞫案 등 각종 기록을 정리하여 편찬한《闡義昭鑑》의 편찬 과정과 진행 전말을 기록한《闡義昭鑑纂修廳儀軌》를 校勘 · 標點한 것이다.

底本

이 책의 底本은 奎章閣 所藏《闡義昭鑑纂修廳儀軌》(奎14206)로서, 儀軌廳(原名 : 纂修廳)에서 1冊으로 편찬한 筆寫本이다.

校勘

1. 略字, 俗字 등 異體字는 代表字로 통일하고 校勘記는 달지 않았다. 대표자 판정은 韓國古典飜譯院 이체자 검색시스템을 準據로 하였다. 단, 일부 固有名詞와 慣用語의 이체자는 예외로 하였다.
2. 慣行的인 筆記習慣에 의해 발생한 誤字는 本文을 고치고 校勘記는 달지 않았다.
3. 底本의 오류가 명백한 경우 本文을 고치고 校勘記에 그 근거나 사유를 밝혔다.
4. 底本의 오류가 의심되지만 명백한 근거나 사유를 찾을 수 없는 경우 校勘記에 그 내용을 언급하였다.
5. 底本과 校勘資料 간에 글자의 차이는 있지만 어느 쪽이 옳은지 확정할 수 없는 경우 校勘記에 그 내용을 밝혔다.
6. 동일한 校勘 사항이 반복되는 경우 첫 번째 사항에만 校勘記를 달고, 이후는 참조하도록 주석 번호를 제시하였다.
7. 底本의 缺落이나 脫字는 補充根據가 확실한 경우 本文에 보충하고 校勘記에 그 근거를 밝혔다. 근거가 불확실한 경우에는 참조할 수 있도록 校勘記에 그 내용을 언급하였다.
8. 구문의 문맥상 小字가 적합하다고 판단되는 경우, 小字로 바꾸어 처리하고 校勘記는 달지 않았다.

參考資料

1. 承政院日記: 承政院 編, 奎章閣 所藏本(奎12788-v.1~3045)

2. 朝鮮王朝實錄: 春秋館 編, 國史編纂委員會 影印本, 1968~1970.

3. 戡亂錄: 宋寅明, 朴師洙 等奉教纂, 國立中央圖書館 所藏本(한古調 56-나8)

4. 闡義昭鑑諺解: 纂修廳 編, 奎章閣 所藏本(奎2214)

5. 推案及鞫案: 義禁府 編, 亞細亞文化社 影印發行(1979)

標點符號

。	敍述文 및 語調가 약한 命令文의 끝에 쓴다.
?	疑問文의 끝에 쓴다.
!	感歎文 및 語調가 강한 命令文 등의 끝에 쓴다.
,	한 文章 안에서 句의 區分이 필요한 곳에 쓴다.
、	竝列된 名詞 또는 名詞句 사이에 쓴다.
·	名詞의 竝列이 重層的인 경우, 모점(、) 안에서 竝列語를 구분하고, 書名符號 안에서 書名과 篇名 등을 구분하는 데 쓴다.
;	두 句 이상으로 구성된 각 節이 竝列을 이룰 때 그 사이에 쓴다.
:	뒤에 나올 내용을 提示하는 말의 뒤에 쓴다.
【 】	小註를 나타내는 데 쓴다.
《 》	書名, 篇名 등을 나타내는 데 쓴다.
__	人名, 地名 등 固有名詞를 나타내는 데 쓴다.
□	빠진 글자의 자리를 나타내는 데 쓴다.
" " ' '	각각 1차, 2차 인용문에 쓴다.
是白乎 (each character marked ˚)	吏讀의 토씨에 쓴다.

目次

乙亥六月　日

闡義昭鑑纂修廳堂上、郎廳座目

都提調	領府事	金在魯[1]
	領議政	李天輔[2]
	右議政	趙載浩[3]
堂上	知事	元景夏
	兼吏曹判書	申晚
	知事	洪啓禧[4]
	兵曹判書	洪鳳漢
	禮曹判書	李鼎輔

• • • • •

1 在魯 : 底本에는 없다.《承政院日記》英祖 31年 6月 1日 기사 및《英祖實錄》동일 기사 등에 근거하여 보충하였다.

2 天輔 : 底本에는 없다.《承政院日記》英祖 31年 6月 1日 기사 및《英祖實錄》동일 기사 등에 근거하여 보충하였다.

3 載浩 : 底本에는 없다.《承政院日記》英祖 31年 6月 1日 기사 및《英祖實錄》동일 기사 등에 근거하여 보충하였다.

4 洪啓禧 : 底本에는 원을 그려 삭제한 표시가 있다. 홍계희 사후인 1777년(정조1)에 있었던 정조 시해 미수 사건에 아들 洪趾海 등이 연루되어 일가가 처형된 일로 관작이 추탈되고 逆案에 이름이 올랐기 때문에, 이후 삭제 표시를 한 것으로 보인다. 이하 내용에서도 삭제한 표시가 있는데 그대로 두고 교감기는 달지 않았다.

	知事	徐宗伋
	行司直	徐命彬
	右參贊	趙榮國
	工曹判書	李成中
	刑曹判書	趙明履
	工曹參判	鄭翬良
	行副司直	南有容
		權相一
		吳遂采
		南泰齊
郎廳	副司果	李亮天
	掌樂院正	洪名漢
	執義	徐命膺
	副司果	黃仁儉
		李最中
		宋文載
		李吉輔
		洪麟漢[5]

5 洪麟漢 : 底本에는 원을 그려 삭제한 표시가 있다. 홍인한이 노론 벽파에 가담하여 정조의 즉위를 반대하다가 1776년 정조가 즉위하면서 賜死되었기 때문에, 이후 삭제 표시를 한 것으로 보인다. 이하 내용에서도 삭제한 표시가 있는데 그대로 두고 교감기는 달지 않았다.

	洪景海
	南泰著
持平	元仁孫
副司果	李星慶
兵曹正郎	徐命天
校理	鄭尙淳
修撰	洪準海
校理	趙曮
副司果	鄭光漢
	尹得雨
司書	鄭存謙
持平	李世澤
副司果	李尙允
算員	李景洽
書吏	韓壽聃【戶曹】
	林枝葳【兵曹】
	朴震郁【兵曹】
	洪仁澤【戶曹】
	李廷馝【戶曹】
	邊聖輝【兵曹】
	鄭基錫【戶曹】
	金啓郁【兵曹】

	宋廷煥【戶曹】
	李世大【戶曹】
	朴弘得【兵曹】
	金泰鼎【兵曹】
	池達源【司宰監】
	張德年【濟用監】
書寫	韓天植【戶曹】
	金□□【兵曹】
庫直	金友樞【兵曹】
	南應福【長興庫】
使令	咸德柱等十五名
軍士	莫金等五名

乙亥十一月日

闡義昭鑑校正時堂上、郎廳座目

堂上	兼吏曹判書	申晩
	知事	李成中
郎廳	副司果	黃仁儉
	副校理	南泰著
	副司果	元仁孫
	校理	鄭尙淳
		趙曮
	副司果	尹得雨
	算員	李景洽
	寫字官	洪□□
		鄭宗[6]周
	畫員	金省五
	唱準	鄭壽仁
		池明瑞

6 宗 : 底本에는 빠져 있다.《闡義昭鑑纂修廳儀軌·甘結秩 乙亥》11月 24日 조에 근거하여 보충하였다.

	金□□
	李□□
書吏	朴震郁【兵曹】
	鄭基錫【戶曹】
	李世大【戶曹】
書寫	韓天植【戶曹】
庫直	高昌胤【校書館】

纂修廳事目

一. 堂上、郎廳既已啓下應行節目, 依例磨鍊後錄爲去乎。依此舉行, 何如?

後

一. 設局處所, 刑、工曹良中定行爲白齊。

一. 郎廳竝除本司仕, 凡公會勿參, 差祭安徐, 除服制、式暇爲白齊。

一. 堂上、郎廳行用印信各一顆, 令禮曹進排爲白齊。

一. 錄事二人、書寫二人、書吏十四人、庫直二名、使令十五名, 以有料布衙門捉來使役爲白乎矣, 其中謄錄所付無料布人, 則令戶、兵曹依例參酌, 磨鍊題給爲白齊。

一. 行用紙地、筆、墨及雜物, 依前例, 令各該司進排爲白齊。

一. 闕內待令郎廳以入直武臣兼宣傳官, 輪回舉行爲白齊。

一. 政院待令書吏一人、軍士一名及本廳守直軍士五名, 令兵曹定送爲白齊。

一. 怠慢下人, 用粉牌推捉爲白齊。

一. 鋪陳等諸具段, 有實職人員, 則各其本衙門取來行用, 以除殘司進排之弊, 無實職叱進排爲白齊。

一. 堂上房茶母乙良, 亦自本衙門定送爲白乎矣, 本衙門無典僕處, 則令刑曹依例定送爲白齊。

一. 未盡條件, 追後磨鍊爲白齊。

啓辭秩

六月初一日

纂修廳郎廳以都提調意啓曰:“臣等才已開坐會同, 應行事目參考前例, 爲先磨鍊書入。而庚子以後《政院日記》, 次第取來, 以爲憑考纂修之地, 何如?”傳曰:“允。”

同月初四日

纂修廳郎廳以都提調意啓曰:“本廳處所以刑、工曹爲定, 旣已啓下矣。宮園都監事役浩繁, 不可不依前排設於刑曹。故本廳則移設於禮曹, 竝與中樞府而通用之意, 敢啓。”傳曰:“知道。”

同日

纂修廳郎廳以都提調意啓曰:“辛丑冬鞫案及各年鞫案政院所上者, 鱗次取來, 以爲考閱之地, 何如?”傳曰:“允。”

同日

纂修廳郎廳以都提調意啓曰:“本廳郎廳洪名漢陞資代, 副司果徐命天差下, 使之察任, 何如?”傳曰:“允。”

同日

纂修廳郎廳以都提調意啓曰:“辛丑、壬寅兩年《春坊日記》, 編次之際, 不無憑考之端。使移送何如?” 傳曰: “允。”

同日

纂修廳郎廳以都提調意啓曰: “《政院日記》爲先輸來者亦多, 不可無守直之官。郎廳一員, 自今日輪回直宿之意, 敢啓。” 傳曰: “知道。”

六月初七日

纂修廳郎廳以都提調意啓曰: “自前三司之臣見差都監郎廳, 則啓稟遞改本職, 使得專意都監事者例也。本廳郎廳中執義徐命膺、持平元仁孫, 姑爲許遞臺職, 何如?” 傳曰: “允。”

同月十一日

纂修廳郎廳以都提調意啓曰: “本廳郎廳徐命膺、元仁孫旣遞臺職, 時無職名。令該曹竝口傳付軍職, 冠[1]帶常仕, 何如?” 傳曰: “允。”

1 冠 : 底本에는 없다.《承政院日記》英祖 31年 6月 9日 기사에 근거하여 보충하였다.

同月十六日

纂修廳郎廳以都提調意啓曰："本廳郎廳洪景海移拜臺職，違牌撕捱，屢日不得仕進，依前例臺職許遞；郎廳李最中病勢甚重，實無供仕之望，郎廳之任許遞，其代以校理鄭尙淳差下，使之察任，何如？"傳曰："允。"

同日

纂修廳郎廳以都提調意啓曰："本廳郎廳洪景海臺職旣已遞改，時無職名。令該曹口傳付軍職，使之冠帶常仕，何如？"傳曰："允。"

七月初一日

纂修廳郎廳以都提調意啓曰："本廳郎廳，洪準海差下，使之察任，何如？"傳曰："允。"

同月初四日

纂修廳郎廳以都提調意啓曰："郎廳李吉輔、鄭尙淳時無職名。令該曹口傳付軍職，使之察任，何如？"傳曰："允。"

同月十二日

纂修廳郎廳以都提調意啓曰："郎廳黃仁儉、李吉輔、南泰著俱在罷散中，竝還差，而時無職名，令該曹口傳付軍職，冠帶常仕, 何如?” 傳曰: “允。”

同月日

纂修廳郎廳以都提調意啓曰: “本廳郎廳洪麟漢時無職名。令該曹口傳付軍職, 使之察任, 何如?” 傳曰: “允。”

同月二十六日

纂修廳郎廳以都提調意啓曰: “本廳處所, 頃因宮園都監草記, 移設於禮曹、中樞府矣。監試初試當設場於禮曹, 而期日不遠, 事多掣礙。本廳依當初啓下節目, 還移於刑、工曹之意, 敢啓。” 傳曰: “知道。”

同日

纂修廳郎廳以都提調意啓曰: “本廳郎廳李星慶, 昨有特敍之命, 而時無職名。令該曹口傳付軍職, 何如?” 傳曰: “允。”

八月二[2]日

纂修廳郎廳以都提調意啓曰: “本廳郎廳鄭尚淳見差慶

2 二 : 底本에는 없다.《承政院日記》英祖 31年 8月 2日 기사에 근거하여 보충하였다.

尙道京試官，而卽今纂修之役，一時爲急。鄭尙淳京試官之任，今姑改差，使之專意仕進於本廳，何如?”傳曰:“允。”

八月三十日

纂修廳郎廳以都提調意啓曰:“本廳郎廳洪準海時無職名，令該曹口傳付軍職，使之察任;郎廳李亮天、洪麟漢方在罷散中，竝還差，而時無職名，令該曹依例口傳付軍職，使之冠帶常仕，何如?”傳曰:“允。”

九月十五日

纂修廳郎廳以都提調意啓曰:“本廳所纂修冊子纔出中草矣。《政院日記》及《禁府推案》前頭若有更考之事，則固當依前草記取來，而一向留置，亦涉未安，已各還送本所。堂郎仕進，雖不可廢，而郎廳直宿，則今姑停止，似爲得宜。都監始設[3]於禮曹、中樞府，間移於刑、工曹。刑曹近當修正啓覆文書云，不可無變通之道。更以典醫監移設，何如?”傳曰:“允。”

3 設 : 底本에는 “役”으로 되어 있다.《承政院日記》英祖 31年 9月 15日 기사에 근거하여 수정하였다.

九月二十七日

纂修廳郎廳以都提調意啓曰："本廳郎廳有闕代，前校理趙曮、吏曹佐郎鄭光漢差下，卽今書役繁急。前校理尹得雨、鄭存謙竝爲加差，而時無職名人員，令該曹口傳付軍職，冠帶常仕，何如?"傳曰："允。"

同月二十八日

纂修廳郎廳以都提調意啓曰："本廳郎廳鄭尙淳、趙曮違牌坐罷矣。今已敍用，還爲差下，而時無職名。令該曹口傳付軍職，使之察任，何如?"傳曰："允。"

九月日

纂修廳郎廳以都提調意啓曰："本廳書役浩繁，郎廳不可不多數。副修撰李世澤、副司果李尙允加差，使之察任，何如?"傳曰："允。"

十月二十二日

纂修廳郎廳以都提調意啓曰："本廳郎廳元仁孫、鄭光漢時無職名，令該曹口傳付軍職；郎廳宋文載方在罷散中，還差察任，而一體付軍職，使之冠帶常仕，何如?"傳曰："允。"

十一月二十二日

纂修廳郎廳以都提調意啓曰:“《闡義昭鑑》今二十五日, 當爲畢印陪進, 而郎廳李吉輔、宋文載、鄭存謙、鄭光漢、李星慶或在罷散, 或無職名。竝令該曹口傳付軍職, 冠帶常仕, 以爲陪進之地, 何如?”傳曰:“允。”

十二月初五日

纂修廳郎廳以都提調意啓曰:“明日《闡義昭鑑》陪進時, 纂修堂郎皆進參, 而堂上徐宗伋、趙榮國時無職名。令該曹口傳付軍職, 以爲陪進之地, 何如?”傳曰:“允。”

擧條秩

一. 今七月初七日親鞫入侍時, 知事洪啓禧纂修廳堂上加差下, 而方在郊外云。使之卽爲入來察任事, 榻前下教。

七月二十五日

一. 傳曰: "纂修堂上盡入來, 御製編次人、戶判同爲入侍。"

同日

一. 纂修廳堂上、御製編次人、戶判同爲入侍時, 傳曰: "今聞纂修堂上趙榮國不爲仕進纂修廳云, 卽爲申飭行公。" 李星慶敍用後, 還差纂修郎廳事, 榻前下教。

八月初八日

一. 同日, 左議政、判義禁、藥房提調同爲入侍時, 左議政金尙魯所啓: "近來名官之厭憚往役, 誠爲痼弊, 而各道京試官、都事之呈遞紛紜, 未有甚於今番, 事體極爲未安。至於迎接都監郎廳, 非比於纂修廳之緊重, 而草記請仍, 亦涉曲循。吏曹當該堂上及迎接都監堂上, 竝從重推考; 政院之連續捧入, 亦有其責, 當該承旨亦推考, 何如?" 上曰: "依爲之。"

九月十二日

一. 傳曰:“領·左相、騎判、元景夏及趙明履入侍事, 下教。”

九月十九日

一. 同日, 領府事金在魯、知事元景夏同爲入侍時, 傳曰:“知中樞元景夏、纂修廳堂上徐宗伋, 亦爲申飭仕進。”

九月二十二日

一. 纂修廳堂上申晩、李鼎輔、徐命彬、南泰齊加差事, 榻前下教。

十月初九日

一. 領相、知事元景夏、行司直趙明履入侍, 左、右捕盜大將同爲入侍時, 領議政李天輔所啓:“纂修事時急, 而洪啓禧以妻母歸葬, 受由下鄕。此雖法典所載, 而此時出去, 事甚未安。由單[1]捧入承旨推考, 何如?”上曰:“依爲之。”

又所啓:“纂修堂上不可不博採衆見, 而使多人名字載錄於編末似好。如洪鳳漢、吳遂采兩人可合矣。”元景夏

1 單 : 底本에는 없다.《承政院日記》英祖 31年 10月 9日 기사에 근거하여 보충하였다.

曰: "嶺[2]南人權相一同參纂修, 則似好, 八十篤老之人, 有難上來。而郎廳中若以嶺南人差下同參, 則似好矣。" 上曰: "依爲之。權相一一體加差可也。"

十月十三日

一. 同日, 藥房入診時, 史官出來, 纂修廳冊四卷入之。領相入侍事, 下教。

十月十四日

一. 傳曰: "領相及元景夏、趙明履入侍事, 下教。"

十一月初二日

一. 傳曰: "纂修廳堂郎, 下教日來待事, 分付。"

同月初五日

一. 毓祥宮擧動時, 傳曰: "纂修堂郎親爲承批事, 分付。" 傳曰: "《闡義昭鑑》畢役後, 堂郎陪進, 只細仗入于明政殿。" 傳曰: "《闡義昭鑑》慈殿封進一件, 進上三件, 世子宮進獻一件, 五處史庫、政府、樞府、六曹、政院、弘文館、藝文館、侍講院、三都·八道及宗親府·儀賓府二品以

• • • • •

2 嶺 : 底本에는 "領"으로 되어 있다. 일반적인 용례에 근거하여 수정하였다.

上、文臣實職·軍銜侍從以上、武臣曾經閫帥以上刊頒事, 分付。”

十一[3]月初六日

一. 毓祥宮擧動還宮時, 傳曰: “雖蔭官, 堂上以上實職及史官曾經纂修郎廳, 《闡義昭鑑》一體[4]頒布[5]。” 傳曰: “明日三使臣入侍時, 《昭鑑》刊印校正兩堂上、兵判一體入侍。” 傳曰: “纂修廳都提調以下, 書啓。”

同月初七日

一. 藥房入診時, 三使臣、《昭鑑》校正堂上、兵判同爲入侍時, 都承旨南泰會所啓: “抄選盡付書筵, 而旣非實職, 又非軍銜, 故見漏於吏、兵曹《闡義昭鑑》頒賜單子中, 何以爲之乎?” 領議政李天輔[6]曰: “抄選則宜盡爲頒賜矣。” 上曰: “抄選一體頒賜可也。”

• • • • •

3 十一 : 底本에는 “十二”로 되어 있다. 《承政院日記》 英祖 31年 11月 6日·7日, 《英祖實錄》 31年 11月 7日 기사 등에 근거하여 수정하였다. 이하 同月 14日, 同月 26日도 모두 11月에 해당한다.

4 體 : 底本에는 “件”으로 되어 있다. 《承政院日記》 英祖 31年 11月 6日 기사에 근거하여 수정하였다.

5 頒布 : 底本에는 “抄頒”으로 되어 있다. 의미가 불분명하여 《承政院日記》 英祖 31年 11月 6日 기사에 근거하여 수정하였다.

6 天輔 : 底本에는 없다. 《承政院日記》 英祖 31年 11月 7日 기사에 근거하여 보충하였다. 이하 빠진 부분은 보충하고 교감기는 달지 않는다.

同日

一. 藥房入診, 纂修堂上、兵判同爲入侍時, 纂修郎廳黃仁儉、趙曮、鄭尙淳、南泰著竝除本司仕, 專意印役事, 榻前下教。

同日

一. 三使臣、《昭鑑》校正堂上、兵曹判書同爲入侍時, 《昭鑑》校正堂上申晚所啓: "《闡義昭鑑》印役十分緊重, 而芸閣印出匠只有六名, 事甚苟艱。觀象監印出匠二名, 使之移送, 以爲使役之地, 何如?" 上曰: "依爲之。" 堂上李成中啓: "《昭鑑》印役畢後, 中草冊及日記等冊, 何以處之乎?" 上曰: "竝洗草可也。" 李天輔曰: "其中草冊一件, 有御筆添刪處, 此則何以爲之乎?" 上曰: "一體洗草可也。"

同月十四日

一. 今日入侍時, 傳曰: "纂修廳都提調領府事金在魯、領議政李天輔各熟馬一匹面給, 右議政趙載浩兒馬一匹賜給。自五月啓下至十一月堂上六員各熟馬一匹 · 追後啓下堂上[7]九員各半熟馬一匹, 自五月至十一月仕進郎廳六員各半熟馬一匹, 自五月至九月 · 十月仕進郎廳三員、自六

•••••

7 上 : 底本에는 없다. 문맥을 살펴 보충하였다.

月至十一月仕進郎廳三員各半熟馬一匹，郎廳趙曮、鄭光漢、尹得雨、鄭存謙各半熟馬一匹，洪名漢、李最中、洪景海各上弦弓一張賜給。堂上權相一、郎廳李世澤勿論。錄事以下員役、下人等，令該曹米布題給。"

傳曰："行司直趙明履幾年編次，而今番纂修，竭心擔當書啓、稽奏。今乃施賞，雖下賞典，人爲古人，予用愴焉。其所賜馬，特爲面給，以示予意。日後致祭時，以此添入事，分付知製教。"

行司直趙明履賜馬傳教，還入，"其所賜馬"改以"豈賜其帖"，"特爲面給"改以"特賜其馬"，改書出。

同月二十六日

一. 傳曰："《闡義昭鑑》道路，自敦化門由明政殿入之。"

同日

一. 傳曰："進箋待下教爲之，入侍以時服爲之。"

同日

一. 傳曰："進箋後，堂郎持《闡義昭鑑》芸閣所在者，入侍于崇文堂。"

移關秩

乙亥六月日。義禁府了

一. 爲相考事。今此纂修時, 有考見事, 辛丑冬尙儉等推案、甲辰冬一鏡·虎龍等推案、乙巳夏就商等推案、師尙處絞判付文書, 盡爲輸送, 以爲憑考後還送之地宜當向事。

同月日。戶、兵曹了

一. 爲相考事。本廳錄事二人、書吏十二人、書寫二人、庫直三名、使令十五名, 令戶、兵曹給料布事, 旣已啓下爲有置。自今月初一日會同爲始, 限一朔料布與點心米, 依事目爲先卽速磨鍊上下宜當向事。

同月日。戶曹了

一. 爲相考事。本都監錄事二人、書吏十二人、書寫二人、庫直三名、使令十五名等點心米, 依日記廳例磨鍊上下事, 都提調意教是置, 相考施行向事。

同月日。戶曹了

一. 爲相考事。本都監錄事二人處點心米上下事, 以都提調意分付矣。該吏以書吏則單料, 故給其點心米, 而錄事則不以單料磨鍊, 故元無上下之例是如來告。此則有所不然。書吏朔布段爲二疋, 而錄事之一疋布, 已爲班駁。至於點心米之又不受食, 尤涉可矜。前例有無姑捨, 當此事役造繁之日，不可無顧恤之道乙仍于，同錄事處點心米卽爲磨鍊上下事，都提調意敎是置，相考施行向事。

同月日。義禁府了

一．爲相考事。今此纂修時，有相考事，庚戌年弘彦推案、乙丑年嗇[1]推案、戊辰冬稸·縶推案，盡數輸送，以爲憑考還送之地宜當向事。

七月日。義禁府了

一．爲相考事。今此纂修時，有考見事，庚戌推案輸送，以爲憑考後還送之地宜當相考施行向事。

同月日。兵曹了

一．爲相考事。回牒內節該"各司許多書吏，何必以前仕吏使用乎？前牒已悉，不得許施事牒呈"是置有亦。本都監無料書吏七人內，其中兵曹前仕書吏朴震郁、戶曹前仕書吏李世大段以謄錄所付，自初使役，許多重大文書專當出納。今不可以生疎之人換差乙仍于，仍爲使役爲去乎，限畢役朔布逐朔上下是遣。其餘五人段，一併汰送，而旣已

•••••

1 嗇 : 底本에는 "啬" 자로 되어 있다.《闡義昭鑑諺解》에 독음을 "색"으로 한 점 등에 근거하여 수정하였다.

服役，不爲給價，誠爲可矜。同兩朔朔布亦爲計數上下，俾無稱寃之弊向事。

同月日。兵曹了

一. 爲相考事。今春以後正法及追施逆律罪人等草文案輸來憑考事，都提調敎是筵稟定奪敎是置。同文書堅封以送，以爲纂修後還送之地向事。

八月日。戶、兵曹了

一. 爲相考事。本都監錄事二人、無料書吏二人、政院待令書吏一人今朔料布及書吏十二人點心米，依例磨鍊上下宜當相考施行向事。

同月日。備局、司憲府了

一. 爲相考事。本廳移差戶曹·兵曹書吏各四人·書寫二人、濟用監·司宰監書員各一人等姓名後錄移文爲去乎。今此監試逢點時，依例頉下宜當向事。

同月日。義禁府了

一. 爲相考事。今此纂修時，有考見事，戊申鞫案盡數輸送，以爲憑考後還送之地向事。

同月日。義禁府了

一. 爲相考事。今此纂修時, 有考見事, 乙巳年天海推案到卽輸送, 以爲相考後還送之地向事。

同月日。義禁府了

一. 爲相考事。本廳有考見事, 丙戌年林溥、李濳推案卽爲輸送, 以爲考見後還送之地向事。

九月日。戶、兵曹了

一. 爲相考事。本廳錄事二人、無料書吏二人、政院待令書吏一人今朔料布及移差書吏十二人點心米, 一體磨鍊上下向事。

同月日。備局了

一. 爲相考事。本廳移差書吏、書寫、書員及能書書吏、書員等姓名後錄爲去乎。今此九日製逢點時, 依例頉下向事。

十月日。義禁府了

一. 爲相考事。今此纂修時, 有考見事, 楊就道推案卽爲輸送, 以爲考見後還送之地向事。

十一月日。戶、兵曹了

一. 爲相考事。《闡義昭鑑》今方刊印於校書館, 而前日許多員役盡爲還送是遣, 其中自初勤幹使役是在戶曹書吏鄭基錫、前仕書吏李世大、兵曹前仕書吏朴震郁三人㐲, 仍爲留置於校正時。而當此極寒服役之日, 不可無顧恤之道乙仍于, 玆以移文爲去乎。今朔料布到卽磨鍊上下宜當向事。

同月日。戶曹了

一. 爲相考事。《闡義昭鑑》刊印今方始役, 晝夜催督。而適値極寒, 許多工匠擧皆飢凍, 殆無生氣, 所見萬分可憫。在前如此之時, 多有料布先下之規。同工匠等自今月初六日爲始, 今晦日至, 料米限五十石, 爲先輸送本廳, 以爲分給使役之地爲乎矣。此旣應爲會減之物, 在本曹則早晩不關, 在印役則所係甚緊。須念國役之至重, 卽爲輸送宜當向事。

同月日。八道、三都了

一. 爲相考事。《闡義昭鑑》纂修已訖, 方以鑄字印出。而勿論京外, 許其印去, 以爲廣布之道事, 纂修堂郞入侍時, 親承傳敎是乎等以, 如是發關爲去乎。卽卽知委於道內各邑各驛, 使之印去爲乎矣, 所入紙地、工價, 當自校書館發關分付, 知委擧行宜當向事。

十二月日。戶、兵曹了

一. 爲相考事。本廳首尾七朔，下吏之勤苦與他都監有別，而各都監移差書吏，過都監後，以其勤勞復屬前仕，旣多近例。則至於本都監書吏朴震郁、李世大之有此，他都監所無之勤苦，而未蒙各都監可援之前例者。非但於渠有向隅之歎，其在一視之義，亦豈不斑駁乎？今則冊子已爲進上，都監幾至垂畢之境，不宜因循捱過乙仍于，玆以論移爲去乎。到卽貴曹各色中付之無料，以爲使役是如可，待闕卽爲陞實事，都提調意敎是置，相考施行向事。

丙子正月日。戶曹了

一. 爲實入會減事。《闡義昭鑑》纂修時自六月初一日十一月初五日至所入雜物，依實入後錄爲去乎。依此會減宜當向事。

後

啓目紙、壯紙、厚白紙、白紙、楮注紙、白休紙、黃筆、黃毛、眞墨、朱筆、燒木、膠末、黃染紙、炭、鄕絲、黃燭、燈油、龍脂[2]

2 啓目紙……龍脂 : 물목만 나열하고 수량은 결락하였다. 각 물목 아래 빈칸이 있는데, 글자수가 정확하지 않아서 결락 처리를 하지 않았다. 이하의 물목 기술도 동일하다.

同月日。戶曹了

一. 爲實入會減事。《闡義昭鑑》印出時自十一月初六日二十五日至所入雜物及諺書翻謄進上時所入, 竝以從實入後錄爲去乎。依此會減宜當相考施行向事。

後

啓目紙、草注紙、楮注紙、貼紙、卷紙、厚白紙、白紙、白休紙、衣紙、黃染草注紙、黃染楮注紙、黃筆、白筆、眞墨、半眞墨、草綠眞絲、紅眞絲、膠末、馬鬣、炭、黃燭、燈油、龍脂、自作板、黃楊木、紅紬甲袱、草綠甲袱、紅紬四幅袱、架子

同月日。戶曹了

一. 爲實入會減事。《闡義昭鑑儀軌》時所入雜物, 從實入後錄爲去乎。依此會減宜當向事。

後

楮注紙、白紙、黃筆、眞墨、膠末、炭

十二月初十日。儀軌事目

一. 《纂修廳謄錄》今當成出, 應行諸事磨鍊後錄爲白去乎。依此擧行, 何如?

後[3]

一. 《儀軌》一件, 禮曹上爲白齊。

一. 處所乙良, 歸厚署良中排設爲白齊。

一. 堂上、郎廳仍爲檢察爲白乎矣, 郎廳乙良副校理鄭尙淳、副司果元仁孫差下察任爲白齊。

一. 堂上、郎廳除本司仕、上直, 凡公會勿參, 差祭安徐爲白齊。

一. 行用印信一顆, 仍爲使用爲白齊。

一. 《謄錄》書吏三人、書寫一人、庫直一名、使令二名, 令兵、戶曹給料布使役, 守直軍二名, 令該曹定送爲白齊。

一. 分付各司時, 用粉牌爲白齊。

一. 《謄錄》出草正書紙地、筆墨及行用雜物, 令該曹量宜進排爲白齊。

一. 未盡條件, 追後[4]磨鍊爲白齊。

3 後 : 底本에는 없다. 일반적인 용례에 근거하여 보충하였다.

4 後 : 底本에는 "于"로 되어 있다. 문맥을 살펴 수정하였다.

來關秩

乙亥六月日

一. 宣惠廳關: “卽刻到付甘結內, 本廳庫子一名, 星火起送事捧甘是置有亦。本廳庫直本來數少, 而當此捧上旁午之時, 事役極其苟艱, 推移無路, 不得定送爲去乎。特諒事勢, 更勿往復事。” 題辭內: “卽今兩都監分差, 極其浩多, 實無他各司推移之道, 不得許施向事。”

同月日

一. 宣惠廳關: “節到關內節該‘兩都監分差浩多, 實無他司推移之道, 不得許施事關’是置有亦。本廳庫子, 除內外各倉守直, 則元數苟簡犮不喩, 封園都監分差及本廳兩處庫舍、營建所看役庫直外, 當此各廳捧上方張之時, 實無推移定送之勢。如是更移爲去乎, 諒此事勢, 有裕他各司中移差使役, 本廳庫子還送事。” 題辭內: “都監竝設之時, 實無換定之道是乎矣, 論移至再, 本廳庫子段依關辭還送向事。”

同月日

一. 戶曹呈: “節到付關內節該‘本廳錄事二人、書吏二十人、書寫二人、庫直三名、使令十五名, 自今月初一日會同爲始, 限一朔料米與點心米上下事關’是置有亦。錄事二人及無料書吏七人料米, 考例磨鍊, 其他書吏、書寫、庫直段旣有元料，不爲磨鍊是旀，使令段自前元無料米上下之事，不得許施事。" 題辭內："到付。"

同月日

一. 校書館呈："廳甘結內，能書書吏定送亦爲有矣。本館以書籍衙門，今此東宮繼講朱子本四書三經、五子《近思錄》及《進上洪武正韻》等冊印，萬分時急乙仍于，員役等逐日赴役，殆無片暇叱不喩。在前諸都監竝設之時，元無能書與移差書吏定送之前例是乎等，以緣由牒報爲去乎，依前例特爲減除事。" 題辭內："旣無前例，前頭印役時，本館員役自可專當。能書差役姑爲許頉向事。"

同月日

一. 刑曹呈："本都監使令正月金當爲閭里作拏、人物歐打罪，以捉來推閱之際，官前多般不恭，辭緣推覈處置次進來事。" 題辭內："到付。"

同月日

一. 兵曹呈："本廳錄事、書吏、書寫、庫直、使令等朔布，限一朔上下事關是置有亦。當初員役等旣以有料布衙門捉來使役事節目啓下，則料布一款非所可論是遣。無料布員役，雖曰謄錄所付，此是各其司所屬，則自本衙門上下，猶或可也，本曹之一例上下事，涉不當乙仍于，玆以論報爲去乎。相考施行事。” 題辭內：“無料布員役多是刑、漢城府分差，則豈有自本衙門上下之料布？無料書吏七人之料，旣已上下，勿爲煩報，依戶曹例，卽爲題給宜當向事。”

七月日

一. 軍器寺呈：“本廳甘據，庫直一名有所定送矣。本寺以進排衙門，當此各都監進排繁劇之日，數小庫直無路擧行叱不喩。凡都監移差便是各司輪回之役是遣，各司又不無庫直數多之處，則至如數小本寺庫直，宜有參酌之道是乎等，以如是牒報爲去乎。同本寺庫直段卽賜頉下，使進排該司得免生梗事。” 題辭內：“所報如此，本寺庫直還送向事。”

七月日

一. 兵曹呈：“節到付關內節該‘刑、漢城府分差，則豈有自本衙門上下之料布？無料書吏七人、錄事二人朔布上下事關’是置有亦。凡都監員役以有料布衙門捉來使役，其意有在。卽今封園都監言之，皆以有本料布之人使役，則本廳耳亦以無料布使役，殊非設都監權差之本意叱不喩。刑、漢城府移差員役之自兵曹給料布，元是行不得之事。當此經費節省之日，前例外冗費有難開路。相考施行事。”題辭內：“都監員役之以謄錄所付，捉來使役，自是各都監應行之例是遣。本曹雖以封園都監事爲言，而都監移上米布，從實入上下之處，則無所事於往復，而自都監上下是乎矣。本都監則旣無此事，自戶、兵曹依數上下之外，無他道理是遣。戶料兵布自是一項事，則本曹耳亦若是相持，實非共濟國事意。而多人之奔走使役，終不得料布者，決無是理。更勿往復，依戶曹例卽速上下宜當向事。”

同月日

一. 兵曹呈：“本廳甘內，各司移差書吏中，無料書吏蠲減，以弊曹書吏五人加定以送亦是置有亦。卽今各都監移差及能書之役，本曹書吏多數分差叱不喩。以本都監言之，目今本曹移差見存者四人、能書一人，則其爲分定數，比他各司夥然是遣。無料蠲減之中，各司無料亦多入其中，則只以本曹都定五人，實無均定之義。況且前頭內外擧動及迎送勅擧動時，本曹專當擧行，尙患苟艱乙仍于，事勢如右，不得定送爲去乎。以他司有料布衙門均一分定，則其在共濟之義，似涉便當，相考施行事。”題辭內：“初以前仕書吏不得給布頉報，而今又以本曹書吏不可加送頉報。其在相濟之義，誠甚慨然。前定五人中二人移定他司爲去乎。本曹書吏三人卽爲定送宜當向事。"

八月日

一. 校書館呈: "本館頃因廳關, 冊板鐵于里、銅印札等所造物力, 請報戶曹, 而曹甘內以爲姑待纂修廳捧甘後擧行, 未晩亦爲有旀。報狀紙尾稟辭, 則又以爲別定算員, 本館所在冊板圍里及版別如有前排, 則一一看審算摘擧行亦爲有所。本館及版別設有略干前排, 如不合於見樣, 則實難苟充取用, 勢將新造待令。而戶曹旣如是不卽施行, 則誠未免遲延[1]乙仍于, 不得已緣由牒報事。" 題辭內: "捧甘戶曹。"

九月日

一. 司瀼寺呈: "本寺今番式年文科初試應辦官見差是如乎, 員役本來數少, 各差備分排無路, 生事丁寧是乎等以, 擧實論移爲去乎。移差、能書書員特爲減送, 以爲莫重國試無弊共濟之地事。" 題辭內: "限出榜前減送。"

同月日

一. 長興庫呈: "本庫書員只是六人, 而今此東堂應辦官

1 延 : 底本에는 "迎"으로 되어 있다. 문맥을 살펴 수정하였다.

之役擔當擧行, 故書員、庫直難以分排, 如是牒報爲去乎。能書書員及庫直限罷場頉下事。" 題辭內: "書員段限出榜, 姑爲減送, 而庫直不得許施向事。"

甘結秩

乙亥五月日。備局甘納。

一. 右甘結。纂集廳都監自明日設廳於觀象監爲有置。曾前都監移差事知書吏及使令, 戶、禮、兵、刑、工曹各二人爲先移定送。凡百擧行等事, 相考都監前例, 星火擧爲旀; 相位、堂上、郞廳所排鋪陳及所入紙地、筆墨, 令各其進排衙門, 依例待令爲旀; 各衙門移差書吏卽刻來待本司, 以爲聽分付擧行, 而事係萬分時急, 各別惕念擧行乎矣。萬一遲晩, 甘罪不辭。【戶曹、禮曹、兵曹、刑曹、工曹、長興庫、觀象監】

六月初一日

一. 右甘結。今此纂修廳都提調領府事金在魯、領敦寧李天輔、右議政趙載浩, 堂上徐宗伋、趙榮國、李成中、趙明履、鄭翬良、南有容, 郞廳李亮天、洪名漢、徐命膺、黃仁儉[1]、李最中[2]、李吉輔、宋文載、洪景海、南泰著、元仁孫、洪麟漢啓下爲有置。各其司掌吏來待觀象監會同坐起處, 修呈擧案爲旀, 請坐等事星火擧行爲乎矣。萬一遲晩, 甘罪不辭。【議政府、敦寧府、中樞府、刑曹、工曹、司憲府、掌樂院、堂上軍職廳、堂下軍職廳】

• • • • •

1 儉: 底本에는 빠져 있다.《闡義昭鑑纂修廳儀軌·闡義昭鑑纂修廳堂上郞廳座目》에 근거하여 보충하였다.

2 中: 底本에는 빠져 있다.《闡義昭鑑纂修廳儀軌·闡義昭鑑纂修廳堂上郞廳座目》에 근거하여 보충하였다.

同日

一. 右甘結。今此纂修廳會同時都提調、堂上、郎廳坐起大廳鋪陳及遮日竹索具，星火進排爲旀，進不進粉板二部、粉牌二介亦卽進排于觀象監爲乎矣。萬一遲晩，甘罪不辭。【戶曹、繕工監、典設司、長興庫、濟用監】

同日

一. 右甘結。今此纂修廳會同時所用啓目紙五張·啓草次厚白紙一卷、書吏十二人文書所用白紙二卷·白休紙二斤·黃筆十二柄·眞墨五丁·硯石五面·硯匣五部·硯滴二介·書板剪板各二、堂上郎廳使用印信各一顆·印朱一兩·朱筒二·芿子二·馬鬣五兩、文書所盛柳篢·柳笥各一部及茶母間所用陶東海·所羅·方文里各[3]二、唐磁碗一、唐沙鉢·大貼·湯器·甫兒各二、木瓢子·果瓢了各一、白苧布揮巾二件等物，星火進排爲旀；左、右伏兵軍二名，依例定送爲乎矣。萬一遲晩，甘罪不辭。【戶曹、工曹、長興庫、繕工監、豐儲倉、司䆃寺、沙器契、禮曹、濟用監、左捕廳、右捕廳】

同月日

一. 右甘結。本廳移差書吏十二人、書寫二人、庫直二名、

3 各：底本에는 없다. 앞뒤 문맥을 살펴 보충하였다.

使令十五名，依後錄定送爲旀，政院待令書吏一人、軍士一名、守直軍五名、茶母一名定送爲乎矣。萬一遲晩，甘罪不辭。【戶曹，書吏四人、庫直一名、使令三名；兵曹，書吏四人、庫直一名、使令三名；刑曹，書吏二人；漢城府，書吏一人；掌隷院，書吏一人；宣惠廳，使令二名；司僕寺，使令一名；長興庫，使令一名；濟用監，使令一名；司䆃寺，使令一名；軍資監，使令一名；廣興倉，使令一名；衛將所，使令一名。】

同月日

一．右甘結。本廳移設於刑、工曹事節目啓下爲有置，卽爲移去爲乎矣。萬一遲晩，甘罪[4]不辭。【刑曹、工曹】

同月日

一．右甘結。本廳處所定於刑、工曹爲有置。修掃軍及坐更二牌，自今日爲始定送爲旀；都提調·堂上·郎廳坐起處鋪陳、遮日、遮陽、圍排與茶母間及三處厠間、使令所接處假家所入等物，依例進排造作爲旀；紙袋次各張油紙二張、文書所踏[5]闕字一部進排爲乎矣。萬一遲晩，甘罪不辭。【長興庫、繕工監、典設司、校書館、漢城府、西部】

•••••

4 罪：底本에는 없다. 일반적인 용례에 근거하여 보충하였다.

5 踏：底本에는 "沓"으로 되어 있다. 문맥을 살펴 수정하였다.

同月日

一. 右甘結。今此纂修時堂上郎廳所用硯匣[6]·黃筆二十一柄·眞墨二十一丁·草冊次厚白紙二十卷白紙十卷·書案書板各十·粉板六、前排樻子具鎖鑰六部·沙唾口二十一·後分土二部·雨傘五柄·土火爐五·木光明臺五·尾箒五柄·硯石具匣十部·衣巨里二坐等物, 星火進排爲乎矣。萬一遲晩, 甘罪不辭。【戶曹、工曹、長興庫、繕工監、沙器契、瓦署】

同月日

一. 右甘結。本都監使役浩繁, 員役等每値犯夜是如乎, 本廳勿禁帖[7]相考, 依例勿侵爲旀, 各様文書所裹次東堂落幅紙二度進排爲乎矣。萬一遲晩, 甘罪不辭。【戶曹、訓鍊都監、御營廳、禁衛營、左捕廳、右捕廳、左巡廳、右巡廳】

同月日

一. 右甘結。本廳堂上·郎廳房每日燒木三丹、書吏房每日半丹、香薷散煎取所用燒木每日半丹式、膠末木每日二丹、茶母間所用每日燒木半丹、堂·郎房合每日爐炭五升·大龍脂每日三柄、書吏上直房燈油每日三合·膠末每日七合, 限

•••••

6 所用硯匣 : 底本에는 "硯匣所用"으로 되어 있다. 문맥을 살펴 수정하였다.

7 帖 : 底本에는 "相"으로 되어 있다. 문맥을 살펴 수정하였다.

畢役進排爲乎矣。萬一遲晩，甘罪不辭。【戶曹、義盈庫、司宰監、禮賓寺、繕工監】

同月日

一. 右甘結。本廳日記考出時干支相考次百中曆一件，星火進排爲乎矣。萬一遲晩，甘罪不辭。【觀象監】

同月日

一. 右甘結。今此纂修時，有相考事，新刊《御製大訓》冊及《戡[8]亂錄》具秩待令都監爲乎矣。萬一遲晩，甘罪不辭。【校書館】

同月日

一. 右甘結。急急定送事，本廳移差使令二名捧甘矣，一名忩定送，事甚駭然。卽今使役極爲浩繁，員役萬分苟艱，如是更甘爲去乎。依前甘星火定送爲乎矣。萬一遲晩，甘罪不辭。【宣惠廳】

8 戡：《勘亂錄》(국립중앙도서관 소장, 한古朝56-나8)에는 "勘"으로 되어 있다. "戡"은 "勘"과 통용자로, 《闡義昭鑑纂修廳儀軌》 이후의 史料에 혼용되고 있다.

同月日

一. 右甘結[9]。今此纂修時,《政院日記》出來留置是如乎, 事體所重, 不可無別樣守直之擧。巡更次坐更一牌加定以送爲乎矣。萬一遲晩, 甘罪不辭。【漢城府、西部】

同月日

一. 右甘結。今此纂修時《政院日記》輸來次架子五部擔乷具、所覆次前排紅木袱五件·擔軍十五名, 明日待罷漏進排爲乎矣。萬一遲晩, 甘罪不辭。【戶曹、兵曹、繕工監、濟用監、衛將所】

同月日

一. 右甘結。堂郎坐起時所用氷丁、馬通及香薷散, 逐日進排爲旀; 冊子印札書員一人、冊匠一名待令爲乎矣。萬一遲晩, 甘罪不辭。【司僕寺、典醫監、惠民署、氷庫、校書館、圖畫署】

同月日

一. 右甘結。堂上·郎廳大廳後面遮陽次眞大苊伍浮、補階次網具空石五立進排爲旀; 堂郎坐起處待令腰江二部、大也二部、沙用一部等, 用還次進排爲乎矣。萬一遲晩, 甘罪不辭。【工曹、廣興倉、軍資監】

9 結 : 底本에는 없다. 일반적인 용례에 근거하여 보충하였다.

同月日

一. 右甘結。本都監書役, 自今日爲始使役爲去乎, 同能書書吏, 依後錄定送爲乎矣。堂上敎是分付內"今此書役與他自別, 若不以善寫定送是遣, 苟然充送是如可, 前頭醜拙綻露, 則當該掌色書吏各別重治囚禁, 斷不饒貸"亦是敎也, 知此惕念擧行爲乎矣。萬一遲晩, 甘罪不辭。【戶曹、兵曹、刑曹、漢城府、濟用監、長興庫、典牲署、繕工監、司宰監、平市署、司僕寺、司導寺、司資寺、義盈庫、司畜署、軍器寺】

同月日

一. 右甘結。本廳移設於禮曹、中樞府事節目啓下爲有置。□□都提調·堂上·郎廳大廳鋪陳·地排·行步席·案息及遮日、遮陽、墻垣、圍排與茶母間、廁間、使令所接假家所入等物, 依例進排造作爲旀;《政院日記》藏置庫貼朴只次條里木、四寸丁, 優數待令爲旀; 乭鎖排目具五介、階砌次空石十立、日記及各樣文書謄出草冊所盛次長樻子三部具鎖鑰, 用還次進排爲乎矣。萬一遲晩, 甘罪不辭。【戶曹、長興庫、濟用監、繕工監、典設司、軍資監、廣興倉、司僕寺、司導寺】

同月日

一. 右甘結。本都監軍職堂上·郎廳所坐草方席所入白文席五張內拱茵席具、縇次青紅木合三十九尺、細繩, 從實

入進排爲旀；茵匠一名亦爲定送爲乎矣。萬一遲晩，甘罪不辭。【戶曹、長興庫】

同月日

一. 右甘結。冊子付籤次靑黃紙各五張進排爲旀，延日礪石二塊、小貼匙五介、冊匠所用裁折板一立等物進排爲乎矣。萬一遲晩，甘罪不辭。【戶曹、長興庫、軍器寺、繕工監、沙器契】

同月日

一. 右甘結。本都監堂上·郎廳房乭鎖鑰排目具二介·冊巨里長登牀二坐、書吏文書所用白紙二束·白休紙二斤·黃筆十柄·眞墨五丁、草冊次厚白紙十卷進排爲乎矣。萬一遲晩，甘罪不辭。【戶曹、工曹、長興庫、司贍寺[10]、繕工監】

同月日

一. 右甘結。本都監郎廳坐起房破傷處修補改築次泥匠二名及修補後乾淨[11]次燒木五丹進排爲乎矣。萬一遲晩，甘罪不辭。【司宰監、繕工監】

• • • • •

10 寺 : 底本에는 없다. 필사상의 오류로 보아 보충하였다.

11 淨 : 底本에는 “精”으로 되어 있다. 문맥을 살펴 수정하였다.

同月日

一. 右甘結。爲惕念擧行事。堂上敎是分付內"本廳書役與他有別, 能書書吏、書員自今日爲始, 旣已各給冊子, 敎其所書之法, 則明日如今日事役, 自可不勞而易有成效乙仍于, 同姓名書揭壁上爲去乎。此後若有換面, 致有生疏錯誤之弊, 則當該掌吏囚禁重治, 斷不饒貸"亦敎是也, 知此擧行爲乎矣。萬一遲晩, 甘罪不辭。【戶曹、兵曹、刑曹、漢城府、濟用監、長興庫、繕工監、義盈庫、司䆃[12]寺、司僕寺、平市署、典牲署、內資寺】

同月日

一. 右甘結。本廳能書書吏所用黃筆十五柄、眞墨五丁、硯石·硯匣各五、冊紙次厚白紙二十卷、油壺二、甫兒二介等進排爲乎矣。萬一遲晩, 甘罪不辭。【戶曹、工曹、長興庫、沙器契】

同月日

一. 右甘結。本廳郞廳直宿時, 燈眞油每日二合式、爐炭一升式、龍脂二柄式, 限畢役進排爲於; 房排座板三立, 用還次進排爲乎矣。萬一遲晩, 甘罪不辭。【戶曹、義盈庫、繕工監】

• • • • •

12 䆃 : 底本에는 "導"로 되어 있다. 일반적인 용례에 근거하여 수정하였다. 이하 모든 "司導寺"는 "司䆃寺"로 고치며 교감기는 달지 않는다.

同月日

一. 右甘結。本廳能書書吏所用黃筆二十柄、眞墨十丁、白休紙三斤進排爲旀; 遮陽所入圓環·排目各十介、小索, 從實入次優數待令爲乎矣。萬一遲晩, 甘罪不辭。【戶曹、工曹、繕工監、司贍寺】

同月日

一. 右甘結。本廳使役極其浩多, 戶、兵曹使令各一名式加定爲去乎, 星火定送爲旀; 便紙次壯紙一卷、文書所用厚白紙一卷·白休紙二斤、郞廳大廳房櫼子所用三甲所一巨里等進排爲旀; 香薷散煮取次大食鼎一坐、大所羅一坐, 用還次進排爲乎矣。萬一遲晩, 甘罪不辭。【戶曹、工曹、司贍寺、繕工監】

同月日

一. 右甘結。本廳庫直有頉代, 軍器寺庫直一名定送爲旀; 粉板洗淨次白布手巾二件、堂郞大廳所用尾箒五柄進排爲旀; 衣巨里一件, 用還次星火進排爲乎矣。萬一遲晩, 甘罪不辭。【戶曹、繕工監、濟用監、軍器寺】

同月日

一. 右甘結。本廳能書書吏所用無心筆十柄、堂上出入三門破傷處修補次松板半立·大甘佐非二介·五寸丁六介進排爲旀,《日記》輸來時架子二部擔乼具、衛軍四名亦爲待令爲乎矣。萬一遲晩, 甘罪不辭。【戶曹、工曹、繕工監、衛將所】

同月日

一. 右甘結。日記出草次厚白紙十卷、影字次楮注紙五張進排爲旀; 冊子所盛長樻子一部具鎖鑰, 用還次進排爲旀; 大廳窓戶乭赤耳二介及朴排匠一名, 星火待令爲乎矣。萬一遲晩, 甘罪不辭。【戶曹、長興庫、繕工監】

同月日

一. 右甘結。堂上·郎廳坐起時所用新件雨傘三柄、冊匠所用延日礪石一塊等, 用還次進排爲旀, 移差書吏鄭國禧病代, 以有文筆伶俐人定送爲乎矣。萬一遲晩, 甘罪不辭。【刑曹、繕工監、軍器寺】

同月日

一. 右甘結。今此擧動時, 本廳堂郎祗[13]迎時明火所用大龍脂十柄、黃燭三雙, 星火進排爲乎矣。萬一遲晩, 甘罪不辭。【戶曹、義盈庫】

• • • • •

13 祗 : 底本에는 "柢"로 되어 있다. 문맥을 살펴 수정하였다.

同月日

一. 右甘結。本廳堂上坐起時, 日暮明火所用黃燭一雙、大廳風遮所入草芚三立·大竹十介·槤皮所二艮衣·三甲所三艮衣等, 用還次進排爲乎矣。萬一遲晩, 甘罪不辭。【戶曹、義盈庫、繕工監、軍資監、廣興倉】

同月日

一. 右甘結。冊子印出所入半眞墨三丁、黃筆造束次黃毛十條柄竹具·炭及阿膠等物, 依橫看進排爲旀; 筆工二名亦爲待令爲乎矣。萬一遲晩, 甘罪不辭。【戶曹、工曹、義盈庫、繕工監】

同月日

一. 右[14]甘結。本廳書役與他有異, 萬分時急叱不喩, 前日上直出役等事, 一切勿侵之意, 曾已捧甘矣。不遵此意, 上直雜役等事, 任意出役云, 事極痛駭。所當當該掌吏, 出牌嚴囚重治是乎矣, 今姑安徐是遣, 如是改捧甘爲去乎。萬一遲晩, 甘罪不辭。【戶曹、兵曹、刑曹、漢城府、司僕寺、司[15]䆃寺、濟用監、長興庫、司宰監、平市署、典牲署、繕工監】

• • • • •

14 右 : 底本에는 빠져 있다. 일반적인 용례에 근거하여 보충하였다.

15 司 : 底本에는 "寺"로 되어 있다. 일반적인 용례에 근거하여 수정하였다.

七月初三日

一. 右甘結。堂上一員今日爲始直宿敎是如乎, 每日黃燭一雙式、龍脂三柄式、溫堗燒木半丹式, 限畢役進排爲㫆; 冊紙印出次印出匠一名定送爲乎矣。萬一遲晩, 甘罪不辭。【戶曹、義盈庫、司宰監、校書館】

同月日

一. 右甘結。本廳都提調坐起大廳西邊遮陽次眞大芚五浮·遮竹二十介、《政院日記》還送次架子三部擔軍擔乼具·所覆紅木袱三件等, 用還次進排爲乎矣。萬一遲晩, 甘罪不辭。【戶曹、軍資監、廣興倉、繕工監、濟用監、衛將所】

同月日

一. 右甘結。本廳使役浩多叱不喩, 堂上、郎廳除本司仕, 凡公會勿參, 差祭安徐事, 旣已節目啓下爲有置。今此本曹褒貶時, 本都監軍職郎廳徐命天、洪麟漢、元仁孫不得進參, 相考擧行爲乎矣。萬一遲晩, 甘罪不辭。【吏曹、兵曹、堂下軍職廳】

同月日

一. 右甘結。本廳冊紙次厚白紙五卷、文書所用白休紙二斤、茶母所用唐沙鉢二介·鍾子二介進排爲㫆; 堂上大廳所遮簷帳，因潦雨俱爲破傷，卽刻內改備爲乎矣。萬一遲晚，甘罪不辭。【戶曹、長興庫、典設司、司贍寺、[16]繕工監、沙器契】

同月日

一. 右甘結。文書相準時所用黃州朱土一兩、能書書吏所用黃筆十柄·眞墨五丁進排爲乎矣。萬一遲晚，甘罪不辭。【戶曹、工曹、繕工監】

同月日

一. 右甘結。本廳庫直有頉代，本庫庫直一名定送爲旀；能書書吏金壽雄、金泰鼎退送爲去乎，其代以年少善寫者，各別擇送爲乎矣。萬一遲晚，甘罪不辭。【兵曹、長興庫】

同月日

一. 右甘結。前頭監試設場不遠，故本廳則還爲移設於刑、工曹是如乎。鋪陳及遮日、遮陽、假家、廁間、圍排等物，亦爲撤排移設爲旀；《日記》及文書樻、雜物輸運次負持軍十名，明日待罷漏定送爲旀；《日記》所藏庫房四面門貼朴伊次條里木及乬金具環排目等物，優數待令爲旀；大廳廳板間間拔落是如乎，松板三四立及木手二名持鍊粧

16 司贍寺 : 底本에는 뒤에 "典設寺"가 있는데, 衍文으로 보아 삭제하였다.

待令以爲修補之地爲乎矣。萬一遲晩，甘罪不辭。【戶曹、兵曹、刑曹、工曹、繕工監、衛將所】

同月日

一. 右甘結。本廳移差無料書吏七人內，二人仍存使役是遣，五人段汰送是如乎。其代以有料布衙門移定爲去乎，年少能文解事者擇定，各其掌吏領付爲乎矣。萬一遲晩，甘罪不辭。【戶曹、兵曹】

同月日

一. 右甘結。今日擧動敎是時，堂郎祗迎時明火所用大龍脂十柄，當刻內進排爲乎矣。萬一遲晩，甘罪不辭。【戶曹、義盈庫】

同月日

一. 右甘結。本廳書寫所用黃筆二柄·眞墨一丁、冊紙不足所入厚白紙五卷進排爲乎矣。萬一遲晩，甘罪不辭。【戶曹、工曹、長興庫】

同月日

一. 右甘結。本廳移差無料書吏退送，以有料布書員捉來使役事，堂上分付敎是置。兵、戶曹則移差與能書其數夥然, 故不得加定乙仍于, 依日記廳例, 長興庫、濟用監書員各一人定送, 而能書段姑爲除送是去乎, 同移差書員當刻內掌吏領付都監爲乎矣。萬一遲晩, 甘罪不辭。【長興庫、濟用監】

同月日

一. 右甘結。本廳移差書吏與能書書吏, 自都監移文于備邊司、司憲府爲有置。逢點成冊中, 以此懸頉, 無弊逢點爲乎矣。萬一遲晩, 甘罪不辭。【戶曹、兵曹、司僕寺、長興庫、濟用監、司宰監、司䆃寺】

同月日

一. 右甘結。本廳堂郞·茶母所用銅亇[17]飛介各一介、揮巾二件, 用還次進排爲乎矣。萬一遲晩, 甘罪不辭。【戶曹、濟用監】

同月日

一. 右甘結。本廳文書所用白休紙二斤、能書書吏所用黃筆五柄·眞墨二丁, 星火進排爲乎矣。萬一遲晩, 甘罪不辭。【戶曹、工曹、司贍寺】

•••••

17 亇 : 底本에는 "了"로 되어 있다. 일반적인 용례에 근거하여 수정하였다.

同月日

一. 右甘結。本廳冊役, 開月初始印計料爲去乎, 鐵于里、銅印札十二板所入物力, 斯速磨錬上下, 以爲進排之地爲乎矣。萬一遲晚, 甘罪不辭。【戶曹、校書館】

九月日

一. 右甘結。本廳堂上·郎廳房每日燒木各一丹式、書吏房半丹式、茶母間半丹式、堂·郎房合爐炭一斗式、書吏房二升式, 限畢役進排爲乎矣。萬一遲晚, 甘罪不辭。【戶曹、司宰監、繕工監】

同月日

一. 右甘結。本廳軍職堂·郎所坐虎皮方席二立、山羊皮方席二立、毛狗皮方席七立, 新造所入物力, 依橫看磨錬上下, 以爲造作進排之地爲乎矣。萬一遲晚, 甘罪不辭。【戶曹、工曹、濟用監】

同月日

一. 右甘結。本廳冊子印出時小爐匠所用白土、浦土、白休紙、鹽、生·熟麻等物, 以一風爐所入, 依準折磨錬上下, 以爲進排造作爲旀; 馬尾、竹篩各一部五十兩、稱子一部、網石一立、空石五立, 用還次進排爲乎矣。萬一遲晚,

甘罪不辭。【戶曹、繕工監、平市署】

同月日

一. 右甘結。冊子印出時所用冊板鐵于里不足, 添鑄鐵三斤四兩、鍮鑞六兩五戔、炭六斗五升, 于里板不足四次每板松板長一尺六寸、冊板十二板每板朴只一寸頭丁十二介式一百四十四介等物進排爲乎矣。萬一遲晩, 甘罪不辭。【戶曹、繕工監】

同月日

一. 右甘結。御覽草冊四卷假衣次搗鍊紙二張 · 綿絲四戔、面紙次楮注紙四張等進排爲旀; 冊子所裹次紅紬四幅袱一件、紅假函一部, 用還次進排爲乎矣。萬一遲晩, 甘罪不辭。【戶曹、長興庫、濟用監、繕工監】

同月日

一. 右甘結。今此九日製逢點時, 本廳移差書吏、書[18]寫及能書書吏、書員等依例越點頉下事, 自都監移文于備邊司、司憲府爲有置。各其司逢點成冊中, 以此懸頉以送爲

18 書 : 底本에는 없다.《闡義昭鑑纂修廳儀軌·移關秩 乙亥》9月 日 조의 비변사로 보낸 관문에 근거하여 보충하였다.

乎矣。萬一遲晩，甘罪不辭。【戶曹、兵曹、長興庫、濟用監、司䆃寺、司宰監、司僕寺、典牲署】

同月日

一. 右甘結。冊子正書次黃筆十柄·眞墨五丁、洗補所用厚白紙二卷·朱紅墨二丁等進排爲旀，冊匠三名星火定送爲乎矣。萬一遲晩，甘罪不辭。【戶曹、工曹、長興庫、平市署、校書館】

同月日

一. 右甘結。郎廳書役時夜役所用黃燭二雙、木燭臺一雙、沙硯滴二介、土火爐二介等，星火進排爲乎矣。萬一遲晩，甘罪不辭。【戶曹、義盈庫、繕工監、瓦署、沙器契】

同月日

一. 右甘結。本廳冊子，今方中草釐正是如乎。前頭印出時進上件及頒賜件所入紙地等，限容入數預備準待，俾無臨時窘急生事之弊爲乎矣。萬一遲晩，甘罪不辭。【戶曹、長興庫、校書館、豐儲倉】

十一月日

一. 右甘結。本廳文書所用厚白紙一卷、白休紙一斤、黃筆五柄、眞墨二丁等進排爲旀，《政院日記》輸送次架子五部

擔持、擔軍具卽爲待令爲乎矣。萬一遲晩，甘罪不辭。【戶曹、工曹、長興庫、司贍寺、衛將所、繕工監】

同月初五日

一. 右甘結。本廳移設於校書館是如乎。鋪陳等物及座更二牌依例待令爲旀；文書樻及各樣物種輸去次負持軍五名，當刻內待令爲乎矣。萬一遲晩，甘罪不辭。【長興庫、濟用監、典設司、衛將所、漢城府、南部】

同月日

一. 右甘結。因傳敎有擧行事。宗親、儀賓及二品以下侍從及軍銜與武臣曾經閫帥以上員數，一一書呈于校書館爲乎矣。萬一遲晩，甘罪不辭。【宗親府書吏、儀賓府書吏、吏曹、兵曹】

同月日

一. 右甘結。纂修冊子印役時出草次白紙五卷、御製正書次黃筆二柄·眞墨一丁進排爲旀，善寫寫字官二人卽刻內待令爲乎矣。萬一遲晩，甘罪不辭。【戶曹、工曹、長興庫、寫字廳掌務官】

同月日

一. 右甘結。今此《闡義昭鑑》印進頒布事命下敎是，故今方設印是如乎。後錄各司俱於設印之前，準備物力入印爲乎矣。萬一遲晩，甘罪不辭。【吏曹、戶曹、禮曹、兵曹、刑曹、工曹、宗親府、儀賓府、忠勳府、敦寧府、議政府、長興庫、司宰監、尙衣院、義盈庫、漢城府、司僕寺、司䆃寺、司圃署、內資寺、訓鍊都監、禁衛營、御營廳、摠戎廳、守御廳、軍資監、廣興倉、繕工監、掌樂院、掌隸院、掌苑署、典設司、典牲署、奉常寺】

同月日

一．右甘結。御筆模寫時所用雪花紙二卷·眞油二合、郎廳書役所用黃筆五柄·眞墨二丁、夜役所用燈油一升等，星火進排爲乎矣。萬一遲晩，甘罪不辭。【戶曹、工曹、義盈庫、平市署】

同月日

一．右甘結。今日擧動還宮時，纂修廳都提以下書啓事傳敎敎是置。啓目紙五張、黃筆二柄、眞墨一丁進排爲旀，書寫一人星火定送爲乎矣。萬一遲晩，甘罪不辭。【戶曹、工曹、長興庫】

同月日

一．右甘結。前進排鐵于里中銅印札十二板所入，以前排不用者苟取以送，而多不及於見樣，則勢難取用生事丁寧

是如乎。曹中所上前排印札中體大丈長者，限五十介卽刻內更爲擇出進排爲乎矣。萬一遲晩，甘罪不辭。【戶曹】

同月日

一．右甘結。《闡義昭鑑》印進之役十分時急，今方始役是去乎。進上三件，慈殿封進一件，世子宮進獻一件，五處史庫、政府、中樞府、六曹、政院、弘文館、藝文館、侍講院、三都·八道及宗親文武二品以上、文臣實職·軍銜[19]侍從臣以上、武臣曾經閫帥以上刊頒事，傳敎敎是置。進上五件每件容入草注紙五卷式二十五卷、頒賜件所入楮注紙一千三百卷、粧衣次黃染草注紙五卷等，從實入次爲先星火進排爲乎矣。萬一遲晩，甘罪不辭。【戶曹、長興庫、豐儲倉、校書館】

同月日

一．右甘結。《闡義昭鑑》印出時初再見二件白紙各五卷·大校正正見二件厚白紙各五卷、進上五件·頒賜三百四十一件每件共三冊式印出時所入半眞墨·黃蜜·生熟廳·尾箒·馬鬣·塡空白休紙·塡空竹·陶東海·墨·方文里等物，依度支定例進排爲旀，各色匠人所用炭二石星火

19 銜 : 底本에는 "御"로 되어 있다. 일반적인 용례에 근거하여 수정하였다.

進排爲乎矣。萬一遲晩，甘罪不辭。【戶曹、工曹、長興庫、義盈庫、繕工監、平市署】

同月日

一. 右甘結。《闡義昭鑑》頒賜次宗親府二品以上幾員是喩，卽卽謄告事，捧甘已久，而尙不擧行，事極稽緩。所當重治是乎矣，今姑安徐，到卽星火來告爲旀，昨日擧動時，有蔭官堂上實職人員頒賜之傳敎敎是置。當刻內亦爲抄出謄納，俾無遲滯生事之弊爲乎矣。萬一遲晩，甘罪不辭。【宗親府書吏、宗簿寺書吏、吏曹、兵曹】

同月日

一. 右甘結。冊子印出時均字所用均刀七介·執鉅二介、各色工匠等所接土宇所入藁草五同·草苞三浮·空石二十立·土火爐十坐·冬炭三石、校正房溫突木十丹·磻朱紅二兩·朱筆五柄·朱沙鉢三立·校正白筆三柄·橙牀四坐·濕紙板二立等物，星火進排爲乎矣。萬一遲晩，甘罪不辭。【戶曹、工曹、繕工監、司僕寺、司宰監、軍資監、廣興倉、瓦署、濟用監、沙器契】

同月日

一. 右甘結。冊子印出時，堂·郞房每日溫堗燒木各一丹式、書吏房半丹式、濕紙取溫次一丹式、茶母間半丹式、郞廳直宿房每日燈眞油三合式、書吏上直房燈法油二合式、堂·郞房合每日爐炭一斗式，限畢役進排爲旀；光明臺二介，用還次亦爲進排爲乎矣。萬一遲晩，甘罪不辭。【戶曹、義盈庫、繕工監、司宰監】

同月日

一．右甘結。冊子印進之役萬分時急，而鑄字不足之類有難一一刊補，則不得不添造取用是如乎。鑄鐵五斤、鑄成炭八斗、黃楊木三介等物星火進排爲乎矣。萬一遲晩，甘罪不辭。【戶曹、繕工監、校書館】

同月日

一．右甘結。御製御筆模寫時井間所用朱紅墨一丁·畫筆二柄、寫字官所用黃筆二柄·眞墨二丁、補字官所用筆墨每十卷各一式、冊板不足銅印札四十介等，星火進排爲乎矣。萬一遲晩，甘罪不辭。【戶曹、工曹、平市署】

同月日

一．右甘結。冊子印出時小爐匠所用白休紙半斤·白土二斗·浦土二斗·鹽一升·炭二斗·生熟麻各四兩·家猪毛二戔·鍮鑞二兩·松明八兩、木本次黃楊木二條等進排爲旀；馬尾、竹篩各一部，用還次進排爲乎矣。萬一遲晩，甘罪

不辭。【戶曹、繕工監、司贍寺、司宰監、校書館、平市署】

同月日

一. 右甘結。《闡義昭鑑》進上進獻合五件每件共三冊每冊粧䌙所入面紙次草注紙一張式·空隔次草注紙一張式·後褙次[20]楮注紙二張式·紅眞絲四分式·膠末三合式·黃蜜三分式、頒賜三百四十一件每件共三冊式每冊粧䌙所入面紙次楮注紙一張式·後褙次厚白紙二張式·紅眞絲三分式·膠末二合式·黃蜜二分式·褙板次椴板二立·爆乾次長竹三介·膠篩布三尺·手巾紬二尺·馬尾篩二部·歸也次家猪毛四兩等，依定例進排爲乎矣。萬一遲晩，甘罪不辭。【戶曹、長興庫、義盈庫、平市署、繕工監、濟用監、豐儲倉、禮賓寺、校書館】

同月日

一. 右甘結。冊子印出時御製·綸音·御筆模寫及堂上·郞廳座目刊本所用自作板十四立、雄尾里一臺、麻布三尺、膠末一升、煉炭一斗、五寸丁二十介·二寸丁二十介、家猪毛三兩、延日礪石·强礪石各一塊、臺牀二坐、鐙子鐵二介、木賊二戔、陶罐一部、魚膠半張、爐炭一斗、小木半丹、鹽一升等，依定例進排爲旀，用還之物依例用還爲乎矣。萬一

20 次 : 底本에는 없다. 문맥을 살펴 보충하였다.

遲晩，甘罪不辭。【戶曹、繕工監、濟用監、司宰監、軍器寺】

同月日

一. 右甘結。印出冊子出草時夜役所用黃燭二雙、收藏諸員夜役所用黃燭二雙、各色匠人夜役所用燈油二升·爐炭二石等進排爲乎矣。萬一遲晩，甘罪不辭。【戶曹、義盈庫、繕工監】

同月日

一. 右甘結。印出冊子出草時黃筆五柄·眞墨二丁、書吏文書所用無心筆二柄·白紙一卷·白休紙一斤、便紙次厚白紙十張等進排爲乎矣。萬一遲晩，甘罪不辭。【戶曹、工曹、長興庫、司贍寺】

同月日

一. 右甘結。本廳冊子印出時頒賜件紙地合一千七百卷內，前日以一千三百卷捧甘是如乎。同不足紙四百卷，當刻內進排爲乎矣。萬一遲晩，甘罪不辭。【戶曹、校書館】

同月日

一. 右甘結。《闡義昭鑑》大殿進上三件所裹紅紬五幅甲袱一件、大王大妃殿封進一件所裹紅紬四幅甲袱一件、世子宮進獻一件所裹藍紬四幅甲袱一件【新造所入, 依橫看。】、金錢紙[21]次紙金各一張式·草綠眞絲二戔式、頒賜三百四十一件所裹紅紬五幅單袱二十三件【用還次新造所入, 依橫看。】、金錢紙次紙金二十三張·草綠眞絲四兩六戔、進上件所盛具蓋紅精函三部、頒賜件所盛紅精函十部等進排爲乎矣。萬一遲晩, 甘罪不辭。【戶曹、濟用監、繕工監】

同月日

一. 右甘結。冊子印出時收藏諸員及唱準等夜役所用黃燭二雙、各色匠人夜役所用燈油二升·爐炭二石, 星火進排爲乎矣。萬一遲晩, 甘罪不辭。【戶曹、義盈庫、繕工監】

同月日

一. 右甘結。《闡義昭鑑》印役萬分時急, 今方晝夜幷設是如乎。本監印出匠二名, 當刻內定送爲乎矣。萬一遲晩, 甘罪不辭。【觀象監】

同月日

一. 右甘結。《闡義昭鑑》進箋敎是時所入表紙三張、草出次楮注紙二張、書寫所用黃筆二柄·眞墨一丁、衣及籤幷桃

21 紙 : 底本에는 없다. 일반적인 용례에 근거하여 보충하였다.

紅花紗紬一尺一寸、褙衣次楮注紙一張、所盛具蓋紅精函一部、紅紬四幅袱內外幷二件、印押次唐朱紅二戔等進排爲乎矣。萬一遲晚，甘罪不辭。【戶曹、工曹、長興庫、造紙署、濟用監、繕工監】

同月日

一. 右甘結。《闡義昭鑑》粧冊時冊紙點火次燒木五丹、膠末木二丹、炭一石、登牀十坐、剪板次加時木二介、延日礪石一塊等進排爲旀；推造軍五名、多繪匠二名，限畢役定送爲乎矣。萬一遲晚，甘罪不辭。【戶曹、繕工監、司宰監、平市署、尙衣院】

同月日

一. 右甘結。郎廳房夜役所用黃燭二雙、各色匠人夜役所用燈油二升、合爐炭二石等進排爲乎矣。萬一遲晚，甘罪不辭。【戶曹、義盈庫、繕工監】

同月二十日

一. 右甘結。《闡義昭鑑》進上件擣砧次，今月二十三日出往造紙署是如乎。白休紙一斤、紅木袱三件、油芚三浮、小索三艮衣、草席三立、架子三部擔乼·擔軍具，同日未明待令于校書館爲旀；汲水桶一坐、陶東海一部、遮帳、屛風、地衣等物及冊匠所用爐炭一斗·炊飯木一丹、紙匠邊首，待令于造紙署爲乎矣。萬一遲晩，甘罪不辭。【戶曹、兵曹、濟用監、長興庫、繕工監、工曹、典設司、造紙署、司贍寺、衛將所】

同月日

一. 右甘結。冊子今已畢印，二十五日進上時，曾經堂、郞陪進事，前已命下矣。前日移差是在書吏、書員等，同日待罷漏，來待校書館爲乎矣。萬一遲晩，甘罪不辭。【戶曹、兵曹、濟用監、司宰監】

同月二十三日

一. 右甘結。《闡義昭鑑》及箋文今月二十五日曉頭陪進時，只細仗入于明政殿事傳敎敎是置。儀註節次參考前例，預爲擧行爲旀，細儀仗及彩輿三部具擔軍·擔乻、香龍亭一部具香爐·香盒·香·香炭、有服巾軍士、忠贊衛、巨達等，依例待令爲旀，殿庭排設遮日[22]、鋪陳、高足牀、牀巾亦爲待令爲旀，道路段自校書館至弘化門入于明政門也，知此擧行爲旀，通禮院事知書員一人亦爲待令于本廳爲乎矣。萬一遲晩，甘罪不辭。【戶曹、兵曹、禮曹、工曹、典設司、司僕寺、長興庫、濟用監、繕工監、儀仗庫、香室、漢城府、南部、中部、東部、通禮院、承文院、衛

22 排設遮日 : 底本에는 "遮日排設"로 되어 있다. 문맥을 살펴 수정하였다.

將所、司鑰房、內侍府、軍資監、廣興倉、瓦署】

同月日

一. 右甘結。進上冊子洗補時夜役所用黃燭二雙、各色匠人夜役所用燈油二升·炭一石、書吏文書所用白紙一卷·黃筆二柄·眞墨一丁等進排爲乎矣。萬一遲晩, 甘罪不辭。【戶曹、工曹、義盈庫、繕工監、長興庫】

同月日

一. 右甘結。《闡義昭鑑》冊子印出時改張及不足所入厚白紙二百五十卷, 星火[23]進排, 及時畢役之地爲乎矣。萬一遲晩, 甘罪不辭。【戶曹、長興庫、校書館】

同月二十四日

一. 右甘結。大王大妃殿進上《闡義昭鑑》諺書飜易時出草次白紙五卷、正書次楮注紙六卷·黃筆五柄·眞墨二丁等進排爲乎矣。萬一遲晩, 甘罪不辭。【戶曹、工曹、長興庫】

同月日

一. 右甘結。《闡義昭鑑》進上冊題目書寫次寫字官鄭宗

23 火 : 底本에는 뒤에 "星"이 있다. 衍文으로 보아 삭제하였다.

周、趙德俊明日曉[24]頭定送爲旀，黃筆二柄、眞墨一丁星火進排爲乎矣。萬一遲晩，甘罪不辭。【戶曹、工曹、寫字廳】

同月日

一. 右甘結。本廳纂修時前後出草冊及御覽草冊，因傳敎明日洗草爲去乎。大釜二坐、燒木五丹、擔桶二部、汲水軍六名待令于掌樂院爲乎矣。萬一遲晩，甘罪不辭。【戶曹、工曹、兵曹、衛將所、司宰監】

同月日

一. 右甘結。大王大妃殿進上《闡義昭鑑》諺書飜易時正書次於義宮次知宋奎斌兄弟、濟用監書員李惟聃、玉堂書寫柳世寬等，星火待令于掌樂院爲乎矣。萬一遲晩，甘罪不辭。【於義宮、玉堂、濟用監】

同月日

一. 右甘結。本廳員役及校書館工匠等，諺書未進上前及頒賜未校正前，依前犯夜勿禁爲旀，守直軍士二名、茶母一名依前定送爲乎矣。萬一遲晩，甘罪不辭。【訓鍊都監書吏、禁衛營書吏、御營廳書吏、左捕廳、右捕廳、左·右巡廳、兵曹、衛將所】

24 曉 : 底本에는 "燒"로 되어 있다. 문맥을 살펴 수정하였다.

十二月初一日

一. 右甘結。諺書飜易時郎廳房夜役所用黃燭二雙、爐炭五斗、黃筆五柄、眞墨二丁、書案三部、硯石匣具三部等進排爲乎矣。萬一遲晩, 甘罪不辭。【戶曹、工曹、義盈庫、繕工監】

同月日

一. 右甘結。《闡義昭鑑》頒賜件搗砧次, 明日曉頭出去造紙署是如乎。架子十五部擔乷·擔軍具、引路軍二名、小索十艮衣、尾箒二柄、紅木袱十五件、油芚十五浮、草席十五立、白休紙三斤, 明日未明時進排于校書館爲旀; 汲水桶一部、揮帳·草芚·地衣等物及冊匠所用炭五斗、炊飯木三丹、燈油五合、紙匠邊首、書員待令于造紙署爲乎矣。萬一遲晩, 甘罪不辭。【戶曹、兵曹、長興庫、繕工監、司贍寺、司宰監、典設司、濟用監、軍資監、廣興倉、造紙署、義盈庫、衛將所】

同月日

一. 右甘結。諺書飜易時夜役所用黃燭二雙、書吏上直房燈油一升等進排爲乎矣。萬一遲晩, 甘罪不辭。【戶曹、義盈庫】

同月日

一. 右甘結。進上諺書冊粧䌙所入諺書四卷每卷衣次黃染草注紙半張式·面紙次草注紙一張式·後褙次[25]楮注紙二張式·紅眞絲四分式·黃蜜一分式·膠末一合式·黃染水一升、進上所入紅函一部·紅紬五幅甲袱一件【所入, 依横看。】·金錢紙[26]次紙金一張·草綠眞絲四戔等進排爲乎矣。萬一遲晩, 甘罪不辭。【戶曹、工曹、義盈庫、長興庫、豐儲倉、濟用監、繕工監、禮賓寺】

同月日

一. 右甘結。諺書飜易正書冊不足所入楮注紙一卷·黃筆五柄·眞墨二丁、夜役所用黃燭二雙、文書所用白紙一卷等進排爲乎矣。萬一遲晩, 甘罪不辭。【戶曹、工曹、義盈庫、長興庫】

同月初四日

一. 右甘結。諺書冊題目書寫時寫字官所用黃筆一柄、眞墨一丁進排爲乎矣。萬一遲晩, 甘罪不辭。【戶曹、工曹】

同月初五日

一. 右甘結。《闡義昭鑑》諺冊今已進上, 本都監已罷, 儀軌設廳爲有置。儀軌廳勿禁帖則施行, 而纂修廳勿禁帖

25 次 : 底本에는 없다. 문맥을 살펴 보충하였다.

26 紙 : 底本에는 없다. 일반적인 용례에 근거하여 보충하였다.

勿施爲乎矣。萬一遲晩，甘罪不辭。【訓鍊都監書吏、禁衛營書吏、御營廳書吏、左·右捕廳、左·右巡廳】

同月初十日

一. 右甘結。粘連啓下事目相考擧行事。本廳儀軌處所定於歸厚署爲有置，各樣鋪陳等物依例待令爲旀；移差戶曹書吏鄭基碩、兵曹前仕書吏朴震郁、戶曹前仕書吏李世大、校書館庫直高昌允此四人及兵·戶曹使令各一名、守直軍士二名仍爲使喚事，稟于大臣，書于節目，已爲啓下爲有置，依此擧行爲旀；儀軌冊所入出草次白紙四卷·黃筆六柄·眞墨三丁、正書次楮注紙三卷、窓戶塗褙次壯紙十張、文書所用白紙一卷·白休紙一斤·茶沙鉢一介·甫兒一立·印朱一兩、文書入盛柳箕一部、尾箒二柄、膠末一升、土火爐二部、書寫所用書板二立·剪板二介等物進排爲旀；今初十日爲始，點火木每日半丹式、燈油每日五夕式、爐炭一升式，限畢役進排爲旀；左·右伏兵軍二名、茶母一名仍爲定送爲旀；座更一牌每日定送爲乎矣。萬一遲晩，甘罪不辭。【戶曹、兵曹、工曹、長興庫、禮賓寺、繕工監、司宰監、司贍寺、刑曹、瓦署、典設司、軍資監、廣興倉、義盈庫、左捕廳、右捕廳、濟用監、衛將所、漢城府、中部、沙器契】

同月日

一. 右甘結。本廳堂上、郎廳, 御製手書作貼頒賜敎是後, 稱謝箋文陪進爲有置。箋文正副文所入表紙二張·內外所裹紅紬四幅甲袱二件【新造所入, 依橫看。】·金錢紙次紙金一張·草綠眞絲四戔·紅函一部、寫字官所用黃筆二柄·眞墨一丁·印押次唐朱紅二戔·唐貼匙一介·硯炭一斗等進排爲乎矣。萬一遲晚, 甘罪不辭。【戶曹、工曹、濟用監、繕工監、造紙署、寫字廳、承文院、沙器契】

同月日

一. 右甘結。本廳稱謝箋文, 今月二十日平明時自典醫監陪進時, 都提調以下曾經堂上、郎廳進參是如乎, 闕內外依幕、鋪陳等物待罷漏待令爲旀; 龍亭一部擔軍·擔乼具、細儀仗、引路軍等依例待令爲旀; 道路修掃、布黃土段自典醫監至敦化門入于明政門爲有置, 殿庭排設遮日、鋪陳及高足牀、牀巾等預爲待令爲旀; 通禮院事知書員一人待罷漏來待爲乎矣。萬一遲晚, 甘罪不辭。【戶曹、兵曹、禮曹、典設司、繕工監、濟用監、漢城府、中部、長興庫、軍資監、廣興倉、儀仗庫、衛將所、內侍府、司鑰房、通禮院】

書吏	韓壽聃【戶曹】
	林枝葳【兵曹】
	朴震郁【兵曹】
	洪仁澤【戶曹】
	邊聖輝【兵曹】
	李廷謐【戶曹】
	鄭基錫【戶曹】
	金啓郁【兵曹】
	宋廷煥【戶曹】
	朴弘得【兵曹】
	李世大【戶曹】
	金泰鼎【兵曹】
	池達源【司宰監】
	張德年【濟用監】
庫直	金友樞【兵曹】
	南應福【長興庫】
使令	咸德柱等十五名
軍士	莫金等五名

찾아보기

ㄱ

ㄴ

ㄷ

ㅁ

ㅇ

ㅈ

ㅊ

옮긴이

오세옥(吳世玉)

성신여자대학교 국어교육과를 졸업하고, 연세대학교 대학원 국문과에서 석사 학위를 받았다. 민족문화추진회 국역연수원 상임연구부를 졸업하였고, 한국고전번역원 책임연구원으로 재직 중이다. 번역서로 《승정원일기》, 《명재유고》, 《사직서의궤》, 《경모궁의궤》, 《천의소감》 등이 있고, 한국문집총간 해제를 집필하였다.

천의소감찬수청의궤

오세옥 옮김

2017년 12월 30일 초판 1쇄 발행

발행인 신승운 | 발행처 한국고전번역원

등록 2008. 3. 12. 제300-2008-22호

주소 (03000) 서울시 종로구 비봉길 1

전화 02-6263-0464 | 팩스 02-6339-0724 | 홈페이지 www.itkc.or.kr

연구총괄 이기찬 | 연구기획 이신경

책임편집 한문희 | 편집진행 박정열

편집교정 박현진 송숙희 유정님 | 제작 김형석

디자인 황재성 | 인쇄 ㈜완산정판

값 20,000원

ISBN 978-89-284-0494-0 93910

＊ 이 책은 2017년도 교육부 고전번역사업비로 출간한 것임.